MEIN KRÄUTER- UND HEILPFLANZEN-GARTEN

GÄRTNERN NACH BILDERN

Planung & Gestaltung • Pflege • Pflanzenkunde

www.garant-verlag.de

ISBN 978-3-7359-0131-6

Komplettproducing: twinbooks, München
Text und Lektorat: Melanie Goldmann, Susanne Grüning, Peter Himmelhuber, Jana Lösch für twinbooks, München

MEIN KRÄUTER- UND HEILPFLANZEN-GARTEN

GÄRTNERN NACH BILDERN

Planung & Gestaltung • Pflege • Pflanzenkunde

garant

Inhalt

Symbole

STANDORT | LEBENSDAUER | WUCHSHÖHE | WASSERBEDARF | HEILWIRKUNG

ERNTE | VORSICHT

Vorwort

Was gibt es Schöneres, als im Sommer im Garten zu sitzen, die herrliche Blütenpracht seines Kräuterbeets zu betrachten, mit der Hand durch Thymian- und Lavendelbüsche zu streichen und den betörenden Duft ganz tief in sich aufzunehmen? Geruch ist der am stärksten mit unseren Erinnerungen verbundene Sinn: Einmal schnuppern genügt und man fühlt sich zurückversetzt in die Kindheit, man reist im Geist zu den schönsten Urlaubsorten, erlebt verloren geglaubte Momente noch einmal oder hat mitten im Sommer das Gefühl, dass Weihnachten ist. Allein der Duft von Kräutern reicht schon aus, um Wohlbefinden zu vermitteln. Die Aromatherapie macht sich dies zunutze. Mit ihr können Sie sich alle Düfte der Welt nach Hause holen.

Kräuter erleben zurzeit einen Boom. Keine Zeitschrift, kein Fernsehmagazin, das nicht das neueste Heilkraut anpreist, exquisite Gerichte vorkocht oder die besten Aromatherapien vorstellt. Kräuter werden zum Trend erhoben und zu wahren Stars gemacht – Stars aus dem eigenen Garten: In welcher Küche fehlen heute noch Basilikum, Oregano oder Kräuter der Provence? Wer etwas auf sich hält, verwendet beim Würzen nicht nur Pfeffer und Salz, sondern greift zu frischem oder getrocknetem Kraut, um der Speise die letzte Raffinesse und das gewisse Etwas zu geben.

Wer Kräuter und Gewürze wiederentdeckt, entdeckt gleichzeitig aber auch ein Stück Kulturgut. Viel vom alten Kräuter- und Gärtnerwissen ist in Vergessenheit geraten. Heute wissen wir, dass die Würze aus dem Garten nicht nur für den Geschmack wichtig ist, sondern die Speisen auch bekömmlicher macht und aktive Gesundheitsvorsorge bedeutet.

Eines ist sicher: Ob Küchenkraut oder Wildkräuter, sie verdienen es nicht, im Garten als „Un"-kraut beschimpft zu werden. Jedes Kraut sollte seinen Platz im Garten haben, denn Kräuter sind eine Labsal für Körper und Seele.

DIE ERSTEN SCHRITTE

Kräutergärten anlegen

Der eigene Kräutergarten ist unbezahlbar und ein Erlebnis der Sinne – er fördert Ihr Wohlbefinden. Kurz vor die Tür zu gehen und sich schnell einige frische Zutaten für das Mittagessen zu pflücken ist ein herrliches Erlebnis, nicht zu vergleichen mit dem Würzen nur aus der Dose. Viele Kräuterbegeisterte bestücken alle zur Verfügung stehenden Flächen mit Kräutern, seien es Vorgärten oder Balkonkästen, ohne dass es langweilig wirkt.

Überlegen Sie, an welchem Platz in Ihrem Garten ein Kräuterbeet Platz findet. Hierzu sollten Sie sich zunächst einen Überblick über das Platzangebot in Ihrem Garten verschaffen. Am besten begehen Sie, z. B. mit Papier, Stift und einer Schreibunterlage bewaffnet, Ihren Garten, zeichnen einen Plan Ihres Gartens, nehmen dann mögliche Standorte für das Kräuterbeet unter die Lupe und zeichnen sie in den Plan ein. Wenn Sie sich dann für einen bestimmten Platz entschieden haben, können Sie ihn direkt vor Ort abgrenzen.

Aus praktischen Gründen empfiehlt es sich, einen Platz in Hausnähe zu wählen, da Sie so Ihre Küchenkräuter bei Bedarf schnell ernten können, ohne dabei lange Wege zurücklegen zu müssen. Ebenso ideal ist die Nähe zu einem Wasseranschluss, der die Pflege erleichtert.

EINE KLUGE STANDORTWAHL

Was die Größe Ihres Kräuterbeets angeht, setzen Ihnen allenfalls Ihre Gartengröße sowie die sonstige Bepflanzung bzw. Gartengestaltung Grenzen. Aber auch bei einem großen Platzangebot sollten Sie bedenken, dass ein großer Kräutergarten auch entsprechend arbeitsintensiv ist. Eine überschaubare Größe ist daher empfehlenswert. Eine Fläche von 2 bis 4 m^2 sollte hierbei vollkommen ausreichen. Bei aufwendigeren Gestaltungsideen oder wenn Sie viele verschiedene Kräuter anpflanzen möchten, kann das Beet aber auch schon einmal 8 bis 12 m^2 groß sein. Ihr Kräuterbeet sollte aber auf jeden Fall gut zugänglich sein. Dies können Sie bei größeren Beeten z. B. durch kleine Wege mit Trittsteinen gewährleisten, die das Beet unterteilen und so die Pflege erleichtern. Wenn Sie den Standort für Ihr Kräuterbeet planen, sollten Sie Reserveflächen mit einplanen. So vermeiden Sie Platzprobleme, wenn sich das Kräuterbeet später noch erweitern sollte.

Stets zu vermeiden ist Zugluft. Daher sollten Sie Ihren Kräutern einen windgeschützten Platz in Ihrem Garten gönnen. Ist in Ihrem Garten kein ausreichender Windschutz vorhanden, können Sie z. B. einen Lattenzaun an der Ost- und Westflanke des Kräuterbeets errichten oder eine niedrige Hecke, z. B. aus Buchsbaum, anlegen.

SONNE ODER SCHATTEN?

Neben der Platzfrage sind auch die Ansprüche der Kräuter wichtig. Am falschen Ort werden Pflanzen niemals – auch nicht durch ständiges Spritzen gegen Schädlinge – gedeihen. Sie kümmern, weil ihnen das Licht oder der Schatten fehlt oder die Trockenheit oder die Nässe, die Kargheit oder die Fülle an Nährstoffen, oder was sie sonst je nach Art brauchen. Wenn irgendein Faktor nicht im idealen Maß vorhanden ist, werden sie leicht Opfer von Krankheiten und Schädlingen. Die meisten Kräuter benötigen einen hellen, sonnigen Standort. Idealerweise bieten Sie ihnen einen in der Mittagssonne liegenden Platz mit südlicher Ausrichtung. Die Ansprüche verschiedener Kräuter lernen Sie in den folgenden Abschnitten dieses Kapitels sowie im Kapitel „Heil- und Küchenkräuter von A–Z" (ab Seite 92) kennen.

PASSENDE BODENVERHÄLTNISSE

Neben den Ansprüchen an Licht und Wärme sind auch die Bodenansprüche von Bedeutung. Humose, durchlässige Böden bieten den meisten Kräutern ideale Bedingungen, denn Humus speichert Nährstoffe und Wasser. Diese Böden sind meist dunkel gefärbt. Der Boden sollte weder stark verdichtet noch lehmig sowie

frei von Staunässe sein. Prüfen Sie, welche Bodenbeschaffenheit in Ihrem Garten vorherrscht und wählen Sie danach geeignete Kräuter aus.

KRÄUTER KOMBINIEREN

Welche Kräuter Sie in Ihrem Beet kombinieren, hängt jedoch nicht nur von den Ansprüchen an Bodenverhältnisse und Licht ab. Praktisch ist es z. B. auch, die Kräuter nach dem Wasserbedarf zusammenzustellen, denn so erleichtern Sie sich das Gießen. Wenig Wasser benötigen z. B. Rosmarin oder Thymian, einen hohen Wasserbedarf haben hingegen beispielsweise Baldrian, Beifuß, Pfefferminze, Schnittlauch und Estragon.

Daneben spielt die Wuchshöhe eine Rolle. Wollen Sie z. B. klein- und großwüchsige Arten zusammenpflanzen, sollten Sie Ihr Beet in Abstufungen anlegen, damit die großen Arten die kleineren nicht überwuchern. Kleinere Pflanzen kommen an die Südseite des Beets, großwüchsigere an die Nordseite. Zudem eignen sich kleinere Kräuter wie beispielsweise Kresse, Kerbel, Basilikum, Petersilie oder Schnittlauch gut für die Randbepflanzung. Für Randbepflanzungen oder die Platzierung an Wegen eignen sich auch robuste Pflanzen wie Schafgarbe und Kamille, die auch einmal den einen oder anderen versehentlichen Tritt vertragen. Großwüchsige Kräuter wie z. B. Dill, Borretsch, Knoblauch oder Oregano werden hingegen eher in der Beetmitte platziert. So stellen Sie sicher, dass alle Kräuter genügend Licht abbekommen, sodass sie gut wachsen und gedeihen können. Kräuter mit Wuchshöhen bis zu 25 cm sind z. B. Gänseblümchen und Petersilie. Bis 60 cm hoch werden z. B. Basilikum, Kamille, Kerbel, Johanniskraut, Kümmel, Knoblauch, Majoran, Kresse, , Melisse, Rosmarin, Salbei, Thymian, Sauerampfer und Schnittlauch. Über 60 cm Größe erreichen z. B. Baldrian, Beinwell, Dill, Brennnessel, Lavendel, Pfefferminze und Ysop. Möglich ist es jedoch auch, Kräuter mit ähnlicher Wuchshöhe in einem Beet zu kombinieren. Auch verschiedene Form- und Farbkombinationen lassen sich verwirklichen.

So gibt es etwa einige Kräuter mit farbenfrohen Blütenständen und Blüten, bei deren Kombination Sie Ihrer Kreativität freien Lauf lassen können.

UMWELTSCHUTZ:
Ein vielfältiges Kräuterangebot ist auch eine ideale Nahrungsgrundlage für viele Tiere. So freuen sich Bienen z. B. ganz besonders über Anis, Bohnenkraut, Borretsch, Dill, Fenchel, Kümmel, Koriander, Liebstöckel, Majoran, Minze, Salbei, Senf, Ysop, Tripmadam, Weinraute und Thymian.

Wichtig für das Arrangement der Pflanzen sind nicht nur Ihre persönlichen Vorlieben für bestimmte Sorten, auch den Stil der Gartengestaltung sollten Sie berücksichtigen. Dabei können Sie ein bestimmtes Ambiente, z. B. romantisch-verspielt oder klar und sachlich, schaffen.

NATURGEMÄSS GÄRTNERN

Sinnvoll ist es, verschiedene Arten von Kräutern miteinander zu kombinieren, denn in Monokulturen können sich Schädlinge und Pflanzenkrankheiten leichter vermehren. Außerdem wird der Boden in Monokulturen mit Ausscheidungsstoffen angereichert, was die Nährstoffaufnahme verschlechtert und die Wurzeln der Pflanzen schädigen kann. Richten Sie sich also lieber nach dem Vorbild der Natur, denn auch hier herrscht eine Vielfalt, die die Pflanzen gesund hält. Auf diese altbewährten Erfahrungswerte vertrauen auch traditionelle Anbauformen wie z. B. Bauerngärten.

SAMEN ODER JUNGPFLANZEN?

Ob Sie Ihre Kräuter als Jungpflanzen kaufen oder sie als Saatgut kaufen, ist zum einen von der Art der Kräuter, zum anderen aber auch davon abhängig, wie viel Mühe Sie aufwenden wollen. Viele Kräuter stammen aus wärmeren klimatischen Verhältnissen, sodass die Anzucht aus Samen hierzulande oft schwer oder gar nicht zu bewerkstelligen ist. Jungpflanzen werden in sehr guter Qualität und recht kostengünstig angeboten. Sie sparen sich dabei nicht nur Zeit und Mühe, auch das Risiko, dass die Vorkultivierung fehlschlägt, entfällt. Kräuter, die Sie am bes-

ten als Jungpflanzen kaufen sollten, sind z. B. Salbei, Lavendel, Thymian, Rosmarin und Melisse. Auch Johanniskraut, Ysop, Schnittlauch, Majoran und Pfefferminze sollten Sie vorzugsweise als Jungpflanzen kaufen. Die meisten anderen Kräuter können Sie auch als Samen kaufen. Frostharte Kräuter wie Beinwell, Dill, Borretsch, Kerbel, Oregano oder Schafgarbe können Sie ab April direkt im Beet aussäen. Frostempfindliche Kräuter wie Estragon, Basilikum, Kresse, Kapuzinerkresse oder Petersilie müssen Sie zunächst auf der Fensterbank vorkultivieren. Sie kommen erst ab Mai, nach den Eisheiligen, ins Freie.

KRÄUTER IN BLUMENBEETEN UND RABATTEN

Wer Kräuter ausschließlich wegen Ihrer Wirkstoffe anpflanzt, hat noch nicht ihr gesamtes Potenzial erkannt. Viele bestechen durch die Schönheit ihrer herrlichen Blüten, durch ihren anregenden Duft oder durch ihre stattliche Wuchsform auch in herkömmlichen Rabatten. Mit Kräutern können Sie jedem Blumenbeet ein ganz besonderes Flair geben. Für den Staudengarten eignen sich ganz hervorragend Borretsch, Dost, Eberraute, Kapuzinerkresse, Lavendel, Liebstöckel, Melisse, Portulak, Rosmarin, Salbei, Thymian, Pimpinelle und Ysop. Als Beeteinfassung bieten sich z. B. Lavendel, Rosmarin, Schnittlauch und Thymian an. Die Einbeziehung von Kräutern in Blumenbeeten erlaubt den Anbau von Kräutern auch dann, wenn sonst keine Gartenflächen zur Verfügung stehen oder sie schon anderweitig verplant sind.

PFLANZENKOMBINATION FÜR SANDIGE BÖDEN:
Ein Beispiel für eine farblich stimmige und äußerst dekorative Kräuterkombination für einen sandigen Boden ist ein Beet, in dessen Mitte Malve und Ysop angepflanzt werden und dessen Rand Oregano, Lavendel und Salbei schmücken.

KRÄUTER IN KÄSTEN UND KÜBELN

Haben Sie keinen Garten, sondern lediglich eine Terrasse oder einen Balkon für Ihren Kräutergarten zur Verfügung, können Sie die meisten Kräuter auch in Töpfen, Kästen und Kübeln kultivieren. Sie sollten dann nur einen Raum zur Verfügung haben, in dem empfindliche Gewächse überwintern können. Besonders schön machen sich Kräuter in einem Wintergarten. Mit Töpfen und Kübeln wird Ihr Garten mobil. Sie haben die Möglichkeit, das Arrangement nach Lust und Laune neu umzugestalten und sind in der Lage, Kräuter auch auf kleinstem Raum zu nutzen, z. B. auf dem Balkon, der Terrasse, der Fensterbank oder als Schmuck vor der Haustür. Empfindliche Kräuter können Sie bei schlechtem Wetter oder einem plötzlichen Hagelschauer schnell im Haus oder der Garage unterstellen. Diesen Vorteil haben im Garten „festsitzende" Pflanzen nicht. Hervorragend lässt sich ein handelsüblicher Erdbeertopf aus dem Gartencenter zu einem dekorativen Kräutergarten auf kleinstem Raum umfunktionieren.

Lage und Standort

TIPP

„Bepflanzen Sie einen reinen Gartenweg, sind robuste Kräuter wie Kamille, Schafgarbe oder Ringelblume geeignet. Sie verkraften auch einmal einen versehentlichen Tritt."

Lage und Standort

Die Standortwahl wird von verschiedenen Überlegungen bestimmt. So kann man z. B. den Platz nach praktischen Gründen wählen oder nach der zur Verfügung stehenden Fläche. Sie können aber auch einfach nur einen Platz im Garten wählen, an dem sich ein Kräuterbeet gut macht. Was es hierbei für Möglichkeiten gibt, lesen Sie im Folgenden.

Je nach Standort eignen sich bestimmte Kräuter besonders gut für ein Kräuterbeet. Ob Sie es nun an der Terrasse, an einem Weg oder Hang oder am Gartenzaun anlegen wollen – stets bieten sich Ihnen zahlreiche Möglichkeiten einer dekorativen Gestaltung. Ideal ist z. B. ein Platz an der Terrasse, denn die meisten Terrassen sind nach Süden ausgerichtet und verwöhnen die hier angepflanzten Kräuter mit ausreichend Sonne. Auch die kurzen Wege zu Haus und Küche sind praktisch für die Pflege und Ernte. Besonders passend sind hier die klassischen Gewürzkräuter wie Schnittlauch, Dill, Oregano, Basilikum, Thymian, Estragon, Petersilie oder Salbei. Wer mehr Wert auf Entspannung als aufs Kochen legt, pflanzt neben der Terrasse dekorative, duftende Kräuter wie Lavendel, Rosmarin, Borretsch, Kamille, Johanniskraut oder Ysop an.

BLICK ÜBER DEN ZAUN

Auch das Kräuterbeet am Gartenzaun sollte besonders einladend und repräsentativ wirken. Hier wirken farbenfrohe und aromatisch duftende Kräuter sehr schön, die auch einmal dekorativ durch die Zaunspalten ranken dürfen. Geeignet sind z. B. Beinwell, Lavendel, Borretsch oder Kapuzinerkresse. Ist ein begrenzender Sockel, eine Rasenkante oder ein Weg vorhanden, lassen sich hier auch gut wuchernde Kräuter anpflanzen. Ähnliches gilt für Besucherwege, an denen sich ebenfalls blühende, duftende Kräuter wie Thymian, Zitronenmelisse oder Pfefferminze gut machen.

SCHWIERIGE LAGEN

Hanglangen lassen sich nur selten sinnvoll nutzen. Ideal ist daher eine Trockenmauer, die vor dem Hang steht und diesen abstützt, oder ein mediterraner Steingarten. Allerdings sollte der Hang hierfür an der West-, Ost- oder Südseite des Gartens liegen. Hier fühlen sich heimische Kräuterarten wohl, die gut auf mageren, trockenen Böden wachsen, aber auch mediterrane Kräuter, die wärmeliebend sind und Trockenheit gewöhnt sind, wie z. B. Lavendel, Thymian und Rosmarin. Schwer zu nutzende Bereiche im Garten sind auch die Umgebungen von Sträuchern und Bäumen. Viele Kräuter sind hier nicht nur eine dekorative Bereicherung, sie schützen auch die angrenzenden Pflanzen. So hält z. B. Knoblauch Wühlmäuse fern, Lavendel schützt Rosen vor Blattläusen und Kapuzinerkresse hält Blattläuse von Obstbäumen und -sträuchern fern.

Blühende Kräuter sind vielfältig im Garten einsetzbar, nicht nur im klassischen Kräuterbeet, auch in Rabatten, an Wegen und neben der Terrasse sind die Dauerblüher mit ihrem aromatischen Duft gern gesehen.

1 Dauerblüher

2 Bauerngarten

Ein Bauerngarten als Garten im Garten ist ebenfalls eine klassische Möglichkeit, den eigenen Garten um eine nützliche Attraktion zu bereichern. Bedenken Sie aber: Ein Bauerngarten bedeutet einiges an Pflegeaufwand.

3 Heimgarten

Im Heimgarten, ist er auch noch so klein, bietet sich ein Kräuterbeet zur Selbstversorgung mit frischen Küchenkräutern an. Noch dazu schreiben die Satzungen von Kleingartenanlagen den Anbau von Nutzpflanzen wie Obst, Beeren und Gemüse vor.

HEILENDE KRÄUTER

Bereits spätestens seit dem Ende des 19. Jahrhunderts besinnen sich immer mehr Menschen wieder auf natürliche Behandlungsweisen und eignen sich nun mühsam das alte Kräuterwissen an, das der Menschheit früher sozusagen „mit in die Wiege gelegt" wurde. Naturheilmittel aus dem eigenen Garten sind wieder „in".

SCHÖN VERDECKT

Die schnell wachsende Kapuzinerkresse eignet sich ideal für ein Spalier, das unschöne Ecken im Garten verdeckt.

Unschöne Ecken im Garten lassen sich mit schnell und üppig wachsenden Kräutern wie Kapuzinerkresse oder Salbei und Lavendel ohne großen Aufwand in wahre Schmuckstücke verwandeln, die keinen großen Pflegebedarf erfordern.

4 Problemstellen

GUT ZU WISSEN: INSTINKTIV FRESSEN VIELE TIERE BEI BESCHWERDEN DIE PASSENDEN HEILKRÄUTER. ZUM TEIL MAG DIES VON EINER GENERATION AN DIE NÄCHSTE WEITERGEGEBEN WORDEN SEIN, ZUM ANDEREN BERUHT ES SICHERLICH AUF DEN EIGENEN ERFAHRUNGEN.

5 Mauern

Mauern oder Zäune bieten ideale Lebensbedingungen für wärmeliebende Kräuter. Hier staut sich die Wärme, und geschützt vor Wind, herrscht ein Mikroklima, das den Ansprüchen von vielen Kräutern entgegenkommt.

Auch im Rahmen von naturnahen Gartengestaltungen können Kräuter eine zentrale Rolle spielen. Pflegeleicht zu unterhalten, locken sie zahlreiche gefährdete Insekten in den Garten.

6 Naturnahe Gärten

7 Hanglage und Geländestufen

Problematische Gartensituationen wie Hänge oder Geländestufen kann man mithilfe einer Trockenmauer mit Kräuterbewuchs zu einem eindrucksvollen Blickfang verwandeln, der auch kleinere Gärten abwechslungsreich strukturiert.

Sind Kleingewächshäuser im Garten vorhanden, bietet es sich an, in deren Umfeld auch einen Kräutergarten anzusiedeln. Unter Glas können die jungen Kräuter in Töpfen unterschlüpfen, wenn im Frühjahr noch letzte Fröste drohen.

8 Gewächshäuser

9 Mischkulturen

Mischkulturen aus Kräuter- und Gemüsepflanzen unterstützen sich gegenseitig. Das Pflanzenwachstum und die Resistenz gegen negative Einflüsse werden gestärkt.

10 Gemüse- und Küchengarten

Auch als Einfassung für Gemüsegärten können Kräuter wichtige Funktionen für die Schädlingsabwehr und die Pflanzengesundheit erfüllen sowie Nutzinsekten anlocken.

KLOSTERMEDIZIN

Wegbereiter der Klostermedizin war Benedikt von Nursia, der 529 in Montecassino ein Kloster gründete. Eine zentrale Rolle im Klosterleben dort nahmen die Sorge um und die Pflege von Kranken ein, waren es Ordensbrüder, Arme oder Fremde. Einzige Motivation der zuweilen aufopfernden Pflege war Gottes Lohn.

Die richtige Pflanzenwahl

INFO

„Wärmeliebende Kräuter gedeihen am besten in Hanglagen oder an Standorten, die Wärme speichern, wie z. B. an Mauern oder Hauswänden.“

Die richtige Pflanzenwahl

Bei der Auswahl der Pflanzen für ihr Kräuterbeet stehen für die meisten wohl der persönliche Geschmack und der Zweck der Pflanzen im Vordergrund. Der eine wünscht sich beispielsweise aromatische Kräuter für die Küche, für den anderen steht vielleicht ein dekoratives Gartenambiente mit wohlriechenden Duftkräutern im Vordergrund. Was auch immer für Sie persönlich wichtig ist, entscheidende Überlegungen für die Auswahl Ihrer Kräuter sind vor allem die Standortbedingungen.

Welche Pflanzen Sie für Ihren Garten auswählen, hängt vorwiegend davon ab, welche Standortbedingungen Sie ihnen in Ihrem Garten bieten können. Wichtig sind dabei vor allem die vorherrschenden Bodenverhältnisse sowie die Lichtbedingungen am gewünschten Standort. Denn jede Pflanze hat ihre jeweils eigenen Ansprüche, die es zu berücksichtigen gilt, wenn Sie gut gedeihende, gesunde Kräuter haben wollen.

UNTERGRUND PRÜFEN

Bevor Sie sich für die eine oder andere Pflanze entscheiden, sollten Sie daher herausfinden, welche Bodenverhältnisse in Ihrem Garten vorherrschen (siehe Seite 30 f.). Ideal für die meisten Kräuter sind humose, durchlässige Böden. Hier können Sie in der Regel frei wählen, denn hier gedeihen fast alle Pflanzen gut. Selbst Kräuter wie Thymian oder Rosmarin, die eigentlich eher karge, nährstoffarme Böden gewohnt sind, können Sie hier gut anpflanzen.

Ist der Boden hingegen sandig oder kiesig, sollten Sie hier Pflanzen ansiedeln, die einen geringen Nährstoffbedarf haben, wie etwa Oregano, Salbei, Kamille, Johanniskraut oder Ysop, aber auch mediterrane Kräuter wie Thymian, Lavendel, Basilikum oder Majoran. Einen mageren, sandigen oder kiesigen Boden erkennen Sie an der helleren Färbung. Hier versickert das Wasser schnell, er Boden ist trocken und erwärmt sich leicht.

Leben Sie in einer Gegend mit häufigen Niederschlägen oder ist der Boden in Ihrem Garten nicht sehr durchlässig, handelt es sich meist um einen frischen bis wechselfeuchten Boden. Diese Böden sich meist leicht feucht, können jedoch zeitweise auch sehr trocken oder feucht sein. Hier gedeihen gut heimische Kräuter, die auch teilschattige Standorte vertragen, wie z. B. Kerbel, Dill, Kümmel oder Schnittlauch.

Feuchte Böden lassen sich daran erkennen, dass sie sich leicht formen lassen und beim Kneten nicht zerbröseln. Dies ist eher selten der Fall. Allenfalls an Bachläufen, Hangquellen und bei einem hohen Grundwasserspiegel kommt ganzjährige Bodenfeuchte vor. Gewohnt sind diese Verhältnisse z. B. Sauerampfer oder Baldrian. Andernfalls können Sie auch mit einer Dränage durch Splitt oder Kies gegen dauerhafte Bodenfeuchte vorgehen.

1 Vorlieben beachten

Achten Sie bei der Auswahl für die Pflanzenkombination Ihrer Kräuter auf Standortvorlieben, die ähnlich bzw. nicht zu unterschiedlich sind, damit die Kräuter möglichst gleiche Wachstumsvoraussetzungen haben und sich gut entwickeln können. Schon der Deutsche Walafried Strabo, 808 bis 849 beschäftigte sich mit den Vorlieben der Kräuter. Er war Dichter und Kräuterkundiger zugleich, was sich auch in seinen Arbeiten niederschlägt. In seinem Werk Hortulus beschreibt er 23 Arznei- und Nutzpflanzen.

Achten Sie bei der Auswahl der Pflanzen, die Sie in Ihr Kräuterbeet einsetzen auf kräftige, gut entwickelte Exemplare, nur mit solchen haben Sie die Gewissheit, dass sich die Kräuter auch gut nach dem Einpflanzen entwickeln können.

2 Kräftige Pflanzen

3 Abwechslung

Sind Sie erst einmal auf den Geschmack gekommen, kann die Kräuterleidenschaft zur Lebensphilosophie, ja fast zur Kunstform werden und alles wird mit Kräutern bepflanzt, seien es Wegbegrenzungen oder Blumenampeln.

Soll der Kräutergarten strengen klassischen Regeln folgen, kann man sich bei der Auswahl der Pflanzen an historischen Vorbildern orientieren, beispielsweise an der Pflanzenauswahl der heiligen Hildegard.

4 Historische Vorbilder

5 Selbst vorziehen

Haben Sie die Möglichkeit, durch ein Gewächshaus die Vegetationszeit der Kräuter im Garten zu verlängern, bietet es sich an, Kräuter selbst zu vermehren und vorzuziehen. Das ermöglicht Ihnen, auch Raritäten selbst zu ziehen.

6 Wilde Mischung

Für den Fan von Rabatten ist ein kunterbunter Kräutergarten meistens ein Graus. Man sieht keine Ordnung und doch ergibt alles ein harmonisches Ganzes. Doch auch dabei sollten Sie nichts dem Zufall überlassen: Vielmehr setzen Sie Ihre Kreativität ein und spielen mit den Kräutern.

SONNIGE STANDORTE

Vor allem aus südlichen Ländern stammende Kräuter wie Salbei, Thymian und Basilikum benötigen eine sonnige Lage. Viel Sonne brauchen z. B. auch Dill, Beifuß oder Melisse. Es gibt jedoch auch Kräuter die auch Halbschatten, d. h. Standorte mit nur wenigen Stunden direkter Sonneneinstrahlung täglich, vertragen. Derartige robuste Kräuter sind z. B. Petersilie oder Kerbel. Andere wie beispielsweise die Gartenkresse und Sauerampfer kommen selbst mit einem schattigen Standort gut zurecht.

7 Töpfe für Kräuter

Empfindliche und besonders anspruchsvolle Kräuter können in Töpfe gepflanzt werden, so gehen sie nicht im Kräuterbeet unter. Bei schlechtem Wetter oder einem plötzlichen Hagelschauer können sie schnell im Haus oder in der Garage untergestellt werden und so vor Schäden bewahrt werden.

Auch die vorhandene Bodensituation sollte die Wahl der Pflanzen beeinflussen, nicht alle Kräuter lieben die gleichen Bodenverhältnisse.

8 Bodenverhältnisse prüfen

9 Kombination mit Gemüse und Blumen

Die Integration von Kräutern in Blumen- oder Gemüsebeeten bietet vielfältige neue Gestaltungsmöglichkeiten. Eine ideale Lösung wenn sonst keine oder nur wenig Fläche für Kräuter zur Verfügung steht.

SCHON GEWUSST?

Nimmt man Erde aus dem Garten in die Hand und zerfällt der Boden schnell, handelt es sich um sandigen oder kiesigen Boden. In diesen Untergründen sind kaum Nährstoffe vorhanden. Wer hier dennoch Kräuter mit höheren Nährstoffansprüchen anpflanzen möchte, muss zu regelmäßigen Bodenverbesserungsmaßnahmen mit Kompost oder Dünger greifen. Aber immer mit Augenmaß!

Gestaltungs-möglichkeiten

TIPP

» Für einen Staudengarten eignen sich z. B. Kräuter wie Ysop, Salbei, Melisse, Borretsch und Kapuzinerkresse. Für die Beeteinfassung können Sie beispielsweise Rosmarin, Lavendel, Thymian und Schnittlauch wählen. «

Gestaltungsmöglichkeiten

Neben der Auswahl der Kräuter ist auch die Gestaltung eine wichtige Vorüberlegung. Je nach Geschmack können Sie Ihre Kräuter in Obst-, Gemüse- und Blumenbeete pflanzen, auf einer Kräuterwiese wuchern lassen oder geometrische Beete oder Hochbeete anlegen. Ihrer Fantasie sind hierbei keine Grenzen gesetzt.

VOM TOPFGARTEN ZUR KRÄUTERSCHNECKE

Ihre Kräuter können Sie in verschiedenen Formen im Garten ansiedeln. Nicht immer muss es dabei ein formales Kräuterbeet sein. So können Sie z. B. nicht genutzte Böschungen, Randstreifen oder Baumumgebungen als pflegeleichte Kräuterwiese mit Küchenkräutern und Heilkräutern quasi sich selbst überlassen. Recht natürlich wachsen Kräuter auch in einem Garten nach Vorbild eines Bauerngartens. Sie können aber auch Gemüse-, Blumen- oder Obstbeete mit einigen Kräutern auflockern, vor allem, wenn Ihnen in Ihrem Garten wenig Platz zur Verfügung steht. Vorteil hierbei ist, dass die Kräuter bestäubende Insekten wie Bienen, Hummeln und Schmetterlinge anlocken.

Wer es geordneter mag, kann die Pflanzen im Beet z. B. in Reihen anordnen, in Rabatten am Weg entlang, in Rondell-, Schachbrett- oder Spiralform oder anderen geometrischen Formen wie z. B. Stern-, Dreiecks-, Rechteck-, Quadrat- oder Kreuzform. Sehr hübsch ist auch die Wagenradform, bei der die einzelnen „Speichen" die verschiedenen Kräutersegmente von der Mitte aus trennen. Auch möglich ist es, das Kräuterbeet nach Vorbild eines Klostergartens anzulegen, wobei man das Beet in Rechtecke mit unterschiedlichen Kräutern unterteilt. Einzelne Beetabschnitte können Sie mit Ziegelsteinen oder Steinfliesen abtrennen, sodass Sie auch bei einem regennassen Boden trockenen Fußes an Ihre Kräuter gelangen.

Besonders praktisch sind Formen in verschiedenen Höhen, wobei oben die Sonnenliebhaber angeordnet werden und weiter unten diejenigen, die auch einmal mehr Wasser vertragen können. Denkbar ist z. B. ein Kräuterhügel in Dreiecksform mit der Spitze als höchstgelegenem Punkt des Kräuterdreiecks. Auch eine Kräuterschnecke, die in Spiralform mit Natursteinen angelegt wird und zur Mitte hin immer höher wird, ist eine beliebte Form des Anbaus. Die flache Form einer Kräuterschnecke ist die Kräuterspirale mit spiralförmig ausgelegten begehbaren Trittsteinen. Ein Hochbeet ist besonders rückenfreundlich bei der Pflege und kann mit verschieden aufbereiteter Erde je nach den verschiedenen Ansprüchen der hier angepflanzten Kräuter gefüllt werden. Kräuter können Sie auch in Pflanzkübeln, Töpfen oder Balkonkästen anbauen.

Lavendel eignet sich wunderbar als niedrige Randbepflanzung für Wege. Beim Vorbeistreifen verströmt das blau leuchtende Kraut seinen herrlichen Duft und wirkt dabei wildromantisch. Daneben lässt es sich gut in Form schneiden.

1 Lavendelhecke

2 Kräuterschnecke

Die Kräuterschnecke oder -spirale erfreut sich immer größerer Beliebtheit. Beachten Sie dabei, dass sonne- und wärmeliebende Kräuter (z. B. Salbei, Oregano) auf den höchsten Punkt gepflanzt werden und Kräuter, die es etwas feuchter und nährstoffreicher mögen (z. B. Rosmarin, Thymian) nach unten folgen. Ans untere Ende können Sie feuchtigkeitsliebende Kräuter setzen, wie z. B. Borretsch oder Schnittlauch.

3 Klare Strukturen

Ein Kräutergarten für Liebhaber klarer Strukturen. Wege begrenzen die einzelnen Bereiche und bilden den Rahmen für die Beete.

DER BUNTE KRÄUTERGARTEN

Unkonventionell und ein Stück scheinbar unberührter Natur ist der bunte Kräutergarten. Auf den ersten Blick ohne jede Methode, stehen die Kräuter in den Beeten. Jede Pflanze kann durch ihre Wuchsform und Blüte ein spezieller Blickfang sein. Die Vorteile des bunten Kräutergartens sind seine Vielzahl an Gestaltungsmöglichkeiten, das platzsparende Arrangement, da keine festen Wege eingeplant werden müssen, und sein geordnetes Wirrwarr, wie z. B. in einem Bauerngarten.

PRAKTISCHE BEGRENZUNG

Durch Beeteinfassungen aus Natursteinen, Ziegeln oder Pflastersteinen lassen sich wuchernde Kräuter im Zaum halten.

Die Mischung von Kräutern und Blumen auf dem Balkon bildet eine besonders reizvolle Variante und setzt den Kräutergarten wirkungsvoll in Szene. An sonnigen Lagen entwickeln die Gewürzpflanzen darüber hinaus ein wunderbares Aroma.

4 Kräuterbalkon

Auch auf Balkonen und Terrassen bieten sich mit Kräutern wunderbare Gestaltungsmöglichkeiten. Viele Pflanzen kommen mit dem begrenzten Platzangebot eines Topfes gut klar und gedeihen auch dort prächtig.

5 Topfkräutergärten

6 Küchenkräuter am Haus

Terrassen, die nach Süden oder Südwesten ausgerichtet sind, bieten insbesondere mediterranen Kräutern ideale Bedingungen. Ein abwechslungsreicher Duftgarten lässt sich hier auch in Töpfen sehr gut umsetzen. Die Auswahl der Kräuter sollte sich in erster Linie daran orientieren, was Sie am meisten in der Küche einsetzen.

Gabionen-Bausätze für Kräuterschnecken erhalten Sie in gut sortierten Baumärkten. Diese sind auch für Laien schnell aufzubauen und bilden einen attraktiven Blickfang im Garten.

7 Gabionen-Kräuterschnecke

8 Kräuterschnecke aus Holz

Eine etwas andere Art der „Kräuterschnecke". Hierbei wurden unterschiedlich große Kisten aufeinandergestapelt und mit unterschiedlichen Kräutern bepflanzt. Alle Etagen sind gut erreichbar und können beliebig neu kombiniert werden.

9 Farbige Vielfalt

Einen attraktiven Blickfang bilden nicht nur die unterschiedlichen Kräuter, sondern auch die Pflanzgefäße. Dabei müssen es nicht immer die klassischen Tontöpfe sein, probieren Sie es ruhig einmal mit etwas Farbe.

KRÄUTERHOCHBEETE

Messen Sie zunächst das Beet aus. Empfohlen werden ca. 120 cm Breite und 70–80 cm Höhe. Für das Beet gibt es Bausätze, die nur noch nach Anleitung zusammengebaut werden müssen. Heben Sie den Boden 20–30 cm tief aus. Legen Sie ein Wühlmausgitter aus und füllen Sie das Beet mit einer Schicht Strauch- und Baumschnitt, einer Schicht Rasensoden, Grünabfällen, Laub und gehäckseltem Strauchschnitt und einer Schicht Blumen- und/oder Gartenerde.

PRAXISTEIL

Die Analyse des Bodens

TIPP

» Wie der Boden in Ihrem Garten beschaffen ist, können Sie ganz einfach durch eine Handprobe feststellen. Lehmiger Boden lässt sich kneten und rollen. Sandboden rieselt durch die Finger. Humus ist weich und faserig. Meistens liegen allerdings Mischungen vor. «

Die Analyse des Bodens

Es hilft wenig oder schadet sogar, den Pflanzen reichlich Volldünger zu geben, wenn diese keinen Bedarf haben. Es lohnt sich deshalb, regelmäßig Proben zu nehmen und untersuchen zu lassen. Vor der Saison ist eine gute Gelegenheit dazu. Einfache Tests lassen sich in Eigenregie durchführen. Die Testsets (z. B. Nitrattest, pH-Wert- Messung etc.) gibt es in Gartenmärkten. Eine gründlichere Analyse in einem Labor (z. B. LUFA = Landesuntersuchungs- und Forschungsanstalt) zeigt genau, ob der Boden ausgewogen mit Nährstoffen versorgt ist.

1 Sandige Böden

↑ Die leichten Sandböden haben keine Speicherfähigkeit. Sandige Böden enthalten deshalb auch weniger Nährstoffe als beispielsweise Lehmboden. Mit Humus oder Kompost kann man ihre Wasserspeicherfähigkeit verbessern. Hierzu am besten vier Schaufeln durch ein Gitter geworfenen, feinen Kompost auf 1 m^2 Beetfläche einarbeiten.

Humusböden unterscheiden sich zu Lehm- oder Sandböden, die vorwiegend mineralische Bestandteile beinhalten, durch einen hohen Gehalt an organischen Stoffen. Reifer Kompost ist eine reine Humusform.

2 Humose Böden

JEDER PFLANZE DER RICHTIGE BODEN

Ein Gartenboden, der aus verschiedenen Stoffen zusammengesetzt ist, lässt sich mithilfe einer Wasserprobe bestimmen. Ein Löffel davon in einem Glas Wasser aufgelöst, zeigt die Zusammensetzung an. Die Sandanteile sinken nach einer Weile zu Boden. Die Humusteilchen schwimmen obenauf. Die Lehmteile schweben im Wasser und bilden eine trübe Brühe.

In schweren Lehmböden sind reichlich Nährstoffe eingelagert. Sie kommen den Pflanzen, die darauf wachsen, aber nur langsam zugute. Das hat allerdings auch wieder den Vorteil, dass die Gefahr einer Überdüngung geringer ist als etwa bei Sandböden.

3 Lehmboden

4 Bodenprobe entnehmen

Für die Bodenanalyse wird etwas Erde mit den entsprechenden Angaben an das Labor gesandt. Danach erhalten Sie das Untersuchungsergebnis.

VORBEREITEN NACH PLAN

Im Zuge der Bodenvorbereitung sind die verschiedenen Bedürfnisse der Pflanzen zu beachten.

Die Bodeneigenschaften und das Wachstum der Kräuter werden vom ph-Wert mitbestimmt. Für die Bestimmung des ph-Werts wird etwas Erde mit Wasser vermischt und mit einem Teststreifen gemessen.

5 ph-Wert bestimmen

6 Teststreifen

Der pH-Wert ist eine Messzahl für den Säuregrad einer Substanz. Sie können ihn mit einem im Gartenfachhandel erhältlichen ph-Teststreifen bestimmen. Die ph-Werte des Bodens können von 0 bis 14 reichen. 0 ist sehr sauer, 14 ist sehr alkalisch (basisch). Bei 7 ist das Verhältnis ausgeglichen oder neutral. Die meisten Kräuter benötigen einen ph-Wert zwischen 5,5 und 7,0.

Ein einfacher Bodentest ist die Handprobe. Hierzu eine Handvoll Erde nehmen und prüfen, wie sie sich anfühlt und wie ihre Beschaffenheit ist.

7 Handprobe

Den Boden verbessern

Anhand der Ergebnisse einer Bodenbestimmung können gezielte Bodenverbesserungen durchgeführt werden. Wer im heimischen Garten nicht die nötigen Boden- und Nährstoffverhältnisse vorfindet, kann auf diese Weise leicht herausfinden, wie er sein Beet entsprechend behandeln sollte, damit es für Kräuter optimal geeignet ist. Die meisten Kräuter benötigen einen krümeligen, nicht zu nährstoffreichen Boden. Ist der Boden zu stark lehmig oder sandig, sollte dies ausgeglichen werden. Einen zu lehmigen Boden können Sie mit Sand wasserdurchlässiger machen, ein zu sandiger kann umgekehrt, mit Lehm vermischt, verbessert werden.

GUT ZU WISSEN: Bei Trockenheit können Sie den Boden mit Kompost verbessern oder das Beet bei Feuchtigkeit mithilfe einer Dränage aus Kies oder Splitt versehen.

1 Kompost durchwerfen

Nach ca. einem Jahr ist der Kompost fertig und sollte durch ein Gitter geworfen werden, damit feste, nicht verrottete und grobe Teile herausgefiltert werden und die übrige feine Komposterde auf die Beete verteilt werden kann.

Den Boden verbessern

PH-WERT

„Die meisten Heil- und Küchenkräuter bevorzugen einen leicht sauren bzw. schwach basischen Boden. Je nach Ergebnis der Bodenanalyse können Sie durch die Gabe von Kalk oder saurem Laub- oder Nadelkompost den ph-Wert des Bodens erhöhen bzw. senken."

Ausgereifter Kompost ist eine natürliche, schonende Möglichkeit, den Nährstoffgehalt des Bodens zu verbessern, und eine ideale Wachstumsgrundlage für Kräuter. Er sollte im Herbst oder Frühjahr auf den Beeten ausgebracht werden.

3 Boden lockern

Eine für den Rücken und den Boden schonende Art der Bodenlockerung. Mit der Gartenkralle wird der Untergrund nur oberflächlich gelockert. Dies schont die Wurzeln von bereits vorhandenen Pflanzen.

2 Kompost verteilen

Mit der Grabegabel lässt sich der Untergurnd tiefer lockern und dabei vorhandene Unkräuter im Beet leicht entfernen. Achten Sie dabei darauf, dass der Boden nur gelockert, aber nicht gewendet wird.

4 Unkraut entfernen

5 Oberfläche glätten und lockern

Mit einer Harke oder einem Rechen sollte man nach der Lockerung des Bodens Erdschollen zerkleinern und das Beet einebnen, damit eine optimale Luft-, Wasser- und Nährstoffaufnahme gewährleistet ist.

Genauso wie Kompostgaben haben sich Mulchmaterialien als Bodenpflegemittel bewährt. Das Bedecken mit Rindenmulch erhält die Bodenfeuchtigkeit. Während der Verrottung führt der Rindenmulch dem Boden wertvollen Humus zu. Wichtig ist es, eine ausreichend dicke Schicht dieses Materials aufzutragen. Etwa 10 cm dick sollte die Mulchschicht schon sein. Dann bleibt sie einige Jahre wirksam.

6 Mulchen schützt den Boden

Anzucht und Vermehrung

TIPP

„Durch Teilung können Sie einige mehrjährige Stauden, die keine Ausläufer bilden, vermehren, etwa Schnittlauch, Melisse, Beinwell und Oregano. Hierzu gräbt man die Pflanze zeitig im Frühjahr samt Wurzelballen aus, trennt sie in zwei Hälften und pflanzt die Teilstücke wieder ein.“

Anzucht und Vermehrung

Durch Ernte oder Witterungsschäden ist es nötig, in Ihrem Kräuterbeet immer wieder für Nachschub zu sorgen. Zwar können Sie Kräuter nachkaufen, doch auch die Anzucht und Vermehrung eigener Kräuter gelingt recht mühelos. Für die Anzucht von Jungpflanzen benötigen Sie einen hellen Ort wie z. B. ein Gewächshaus oder eine Fensterbank, vermeiden Sie aber pralle Sonne. Die Samen werden in Pflanzgefäße ausgesät und nach einer bis zwei Wochen verpflanzt, wenn sich nach den Keimblättern das erste Blattpaar zeigt. Eine Alternative ist die Vermehrung. Je nach Art der Kräuter kommen hier verschiedene Methoden infrage: die Stecklingsvermehrung, die Wurzelvermehrung, Absenker oder Teilung.

***GUT ZU WISSEN:** Bei mehrjährigen, zum Verholzen neigenden Kräutern wie Lavendel eignet sich die Stecklingsvermehrung, bei der im Sommer die einjährigen Triebe abgeschnitten und in feuchte Erde eingepflanzt werden.*

Füllen Sie ein Pflanzgefäß randvoll mit Anzucht- und Kräutererde und drücken Sie sie leicht an. Verteilen Sie dann die Kräutersamen gleichmäßig und nicht zu dicht.

1 Ansäen

2 Gießen

Bedecken Sie sie dünn mit Kräutererde und drücken Sie sie an. Dann befeuchten Sie sie mit einem Handsprüher oder einer feinen Brause.

↓ Bedecken Sie das Pflanzgefäß mit einer Haube und stellen Sie es an einen warmen Ort mit ca. 20–22 °C. Wird die Erde trockener, wässern Sie etwas nach. Nach einiger Zeit zeigen sich die ersten Keimlinge.

3 Minigewächshaus

ABSENKER

Viele Thymianarten können Sie durch Absenker vermehren. Hierbei biegen Sie aufwärts strebende Triebe zur Erde und graben das Mittelstück ca. 10 cm tief ein und fixieren den Zweig im Boden, sodass die Triebspitze wieder aus dem Boden ragt. Hat der Absenker neue Wurzeln gebildet, gräbt man ihn aus, trennt die Verbindung zur Mutterpflanze und pflanzt die Jungpflanze neu ein.

↓ Erscheinen nach den ersten Keimblättern die ersten Blattpaare, werden die Pflänzchen in den Garten oder in den Topf verpflanzt. Sie müssen weiterhin gut feucht gehalten werden und mit Bio-Kräuterdünger gedüngt werden.

4 Pikieren und Umtopfen

5 Quelltabletten

↑ Quelltabletten aus Kokosfasern sind torffrei und ideal zur Anzucht von Kräutern, da das Substrat nährstoffarm und perfekt für die Wurzelentwicklung ist und Kokos schnell Wasser aufnimmt. Einfach Tablette mit reichlich Wasser übergießen, quellen lassen und Samen aussäen.

Manche Kräuter lassen sich auf relativ einfache Art und Weise vermehren, indem man den Wurzelballen in zwei oder mehrere Teile teilt und diese dann auspflanzt. Diese Methode eignet sich auch bei gekauften Kräutertöpfen, wie z. B. Schnittlauch.

6 Teilen und Vermehren

7 Wurzelvermehrung

Werden Pflanzen über Wurzelausläufer oder Teile des Wurzelstocks vermehrt, ist es sinnvoll, falls schon größere Austriebe vorhanden sind, diese einzukürzen, damit Wurzeln und Blattmasse in einem ausgewogenen Verhältnis zueinander stehen.

Zur Vermehrung über Stecklinge eignen sich nur bestimmte Kräuter wie Lavendel, Rosmarin oder Estragon. Hierzu können Sie im Sommer einjährige, noch nicht verholzte, aber feste Triebe abschneiden und diese in mit leicht feuchter Erde gefüllte Töpfe einige Zentimeter tief einsetzen. Dabei die untersten Blätter entfernen und nur oben an den Trieben Blätter stehen lassen. Decken Sie die Töpfe mit einer durchsichtigen Kunststofffolie ab, sodass sich ein Gewächshausklima bildet, und stellen Sie alles auf eine sonnige Fensterbank. Einige Wochen später werden die Triebe neue Wurzeln und Blätter bilden.

8 Stecklingsvermehrung

Einjährige Kräuter wie Kerbel, Dill, Kresse und Schnittsellerie werden bei ausreichend trockener Erde und warmem Wetter im Mai direkt ins Freie ausgesät. Auch eine Vorkultur in Töpfen ist möglich.

9 Einjährige Kräuter

WURZEL-VERMEHRUNG

Zur Wurzelvermehrung eignen sich Kräuter, die Wurzelausläufer bilden, wie etwa Sauerampfer, Pfefferminze oder Baldrian. Dabei trennt man im zeitigen Frühjahr einzelne Wurzelstücke samt oberirdischer Triebe ab und gräbt sie an anderer Stelle wieder ein.

Lichtkeimer wie Dill, Kamille oder Minze werden nach dem Aussäen (breitwürfig oder in Reihen) nur leicht im Boden angedrückt und zum Schutz vor Austrocknung nur hauchdünn mit Erde bedeckt bzw. bis zum Auflaufen mit einem Stück Gartenvlies bedeckt.

10 Lichtkeimer

11 Dunkelkeimer

Für die Aussaat von Dunkelkeimern wie Basilikum, Schnittlauch oder Borretsch ziehen Sie im Beet etwa 3–5 cm tiefe Furchen. Die hierin ausgesäten Samen werden vorsichtig leicht angegossen und mit Erde bedeckt. Zum Keimen benötigen die Samen ausreichend Feuchtigkeit und Wärme. Daher empfiehlt es sich, die Samen leicht mit Mulch zu bedecken.

Kräuterkauf

Kräuterkauf

Gesundes Kräuterwachstum beginnt bereits beim Kauf. Kaufen Sie keine kranken oder qualitativ schlechten Kräuter, sonst werden Sie wenig Freude daran haben. Greifen Sie ausschließlich zu gesunden und qualitativ hochwertigen Pflanzen, umso länger haben Sie Freude daran und müssen sich weniger über Krankheiten oder Schädlinge ärgern.

Nehmen Sie sich zum Pflanzenkauf ein wenig Zeit und stöbern Sie in Ruhe durch das Angebot. Machen Sie sich als Erstes ein Gesamtbild von der Pflanze. Hat sie einen gleichmäßigen Wuchs und ist sie gut verzweigt? Hat sie viele Triebe?

GUT ZU WISSEN: *Ist die Pflanzenerde sehr trocken und macht die Pflanze insgesamt einen etwas vertrockneten Eindruck, kann das ein Hinweis sein, dass sie nicht regelmäßig gewässert wurde.*

TIPP

» Fällt Ihnen ein muffiger Geruch auf, sollten Sie vom Kauf Abstand nehmen. Auch schief gewachsene Pflanzen oder solche mit ganz langen und dünnen Trieben sind nicht geeignet. «

SCHÄDLINGE VERMEIDEN

» Schauen Sie sich die Unterseiten der Blätter an. Schädlinge wie Blattläuse halten sich hier besonders gerne auf. Sehen Sie einen schwarzen Belag, könnten das Blattläuse sein. «

1 Wurzel-Check

↑ Betrachten Sie den Wurzelballen etwas genauer. Scheuen Sie sich nicht, die Pflanze vorsichtig aus dem Topf zu nehmen – nur so können Sie den Zustand der Wurzeln richtig beurteilen. Das Wurzelwerk muss dicht und gut verzweigt sein.

Dunkle und matschige Wurzeln sind bereits beschädigt oder verfault. Diese Pflanzen werden Ihnen in Haus und Garten keine Freude bereiten.

2 Schlechte Wurzeln

PFLANZENWAHL

Viele Gärtnereibetriebe haben sich mittlerweile auf alte Sorten von Kräutern sowie auf herkunftsgesicherte einheimische Kräuter spezialisiert. Informationen zu Obst- und Gemüsesorten, die optimal für Ihren heimischen Garten geeignet sind, erhalten Sie von den Landwirtschaftskammern oder den Landesanstalten für Pflanzenschutz.

Pflanzen mit vertrockneten oder sehr wenigen Blättern sollten Sie nicht mitnehmen. Ausreichend Blattwuchs, auch an den unteren Zweigen, ist ein wichtiges Indiz für eine gesunde Pflanze.

3 Blätter-Check

4 Schädlingsbefall-Check

An den Blättern können Sie einen etwaigen Schädlingsbefall erkennen. Entweder sind diese mit bloßem Auge sichtbar oder es sind sogar feine Bissspuren an den Blättern zu erkennen.

Kräuterbeete vorbereiten

TIPP

„Legen Sie Ihr Beet möglichst nicht zu breit an, damit es bei der Gartenarbeit und Ernte gut erreichbar ist. Faustregel ist hierbei zwei Armlängen. Größere Beete unterteilen Sie am besten mit Trittplatten. Verlegen Sie Pflastersteine oder Platten vor der Pflanzung."

Kräuterbeete vorbereiten

Wenn Sie verschiedene Standorte geprüft und festgelegt haben, wo sich Ihr Beet im Garten befinden soll, können Sie bei einem Reihenbeet oder einer geradlienigen Form das Beet am besten mit einer Gartenschnur und einfachen Hölzern, die am Ende des Beets in den Boden gesteckt werden, in der gewünschten Größe abstecken. Lockern Sie dann den Boden tiefgründig und entfernen Sie größere Steine und Wurzeln. Ebnen Sie dann die Fläche mit dem Rechen und zerkleinern Sie Erdschollen und Erdklumpen.

GUT ZU WISSEN: Zum Einebnen des Beets eignet sich am besten ein Holzrechen mit geradem Zinkenbalken.

1 Beetform abstechen

↑ Die einfachste Art, ein Beet einzufassen, ist das Kantenstechen mit dem Spaten. Auf diese Weise entsteht eine klare Trennlinie mit kleiner Mulde zwischen Beet und Grasfläche. Allerdings muss die Rasenkante immer wieder erneuert werden. Als dauerhaftere Alternative bietet sich auch eine Randbefestigung aus Stein oder Holz an.

Eine feste, selbst verlegte Beeteinfassung, etwa aus Pflastersteinen, Ziegeln oder Randsteinen aus Beton, hält selbst wuchernde Pflanzen stets in Zaum.

2 Randbefestigung

3 Beet einteilen

Danach können Sie das Beet in einzelne Pflanzflächen einteilen und die einzelnen Kräuter entsprechend ihrer Ansprüche bzw. Wuchshöhe in unterschiedlichen Bereichen im Beet verteilen. Diese lassen sich auch durch Platten oder Trittsteine abgrenzen. Dies sieht nicht nur geordnet und dekorativ aus, sondern hat auch den Nebeneffekt, dass die Kräuter bei Aussaat, Pflege und Ernte auch leicht zu erreichen sind.

4 Wege anlegen

Markieren Sie die Wege zwischen den Beeten mit Rindenmulch, Kies oder anderem losen Material und legen Sie Begrenzungen an, die zum späteren Ausstreuen der Wege nach der Pflanzung dienen.

DIE ERDQUALITÄT VERBESSERN

Ist eine Bodenverbesserung im Beet notwendig, können Sie auch jetzt noch entsprechende Materialien zur Aufbereitung des Untergrunds auf dem vorbereiteten Beet verteilen: Lehm, Sand und Humus in einer 5 cm dicken, Kompost in einer 2 cm dicken Schicht. Arbeiten Sie die Materialien dann gut mit einer Grabeforke ein und vermengen Sie sie gründlich mit der Erde, indem Sie die Forke mehrmals durch die Erde ziehen.

Kräuter richtig pflanzen

Kräuter richtig pflanzen

Bequemer und vor allem schneller und flexibler als die Anzucht aus Samen bzw. das Aussäen direkt ins Beet ist das Pflanzen von gekauften Jungpflanzen. Aber egal ob aus eigener Anzucht oder gekauft, sollten Sie Jungpflanzen in ausreichend großen Abständen (je nach Größe des Wurzelballens mindestens 20 cm) in Löcher pflanzen, die Sie mit der Handschaufel in den Boden graben, sodass sie mit der Erdoberfläche abschließen. Füllen Sie die Löcher mit Anzuchterde oder frischem Substrat auf und drücken Sie die Erde um die Pflanzen gut an. Anschließend schlämmen Sie die Kräuter mit einem kräftigen Strahl aus der Gießkanne ein (Vorsicht: Ballen nicht freischwemmen) und ebnen das Beet ein weiteres Mal ein.

GUT ZU WISSEN: *Halten Sie den Boden vor allem in den ersten Wochen nach dem Einpflanzen ausreichend feucht, damit die Pflanzen gut einwurzeln.*

INFO

» Da sich mehrjährige Kräuter wie Melisse, Minze oder Liebstöckel in ihrer Wachstumsphase stark ausbreiten, sollten Sie auf einen ausreichenden Pflanzabstand achten. Pflanzen Sie ein- und mehrjährige Kräuter nicht zu dicht zusammen, da die mehrjährigen Kräuter so besser gedeihen. «

1 Pflanztiefe und -abstand beachten

↑ Berücksichtigen Sie beim Einpflanzen die Pflanztiefe. Sie sollten die Kräuter nie viel tiefer einpflanzen, als sie bereits in den Töpfen gezogen wurden. Beachten Sie bei den Pflanzabständen, wie weit sich die Pflanzen später ausbreiten.

2 Ausbreiten verhindern

Kräuter, die sich schnell ausbreiten, können Sie klein halten, wenn Sie die Ballen nicht direkt in die Erde, sondern in einem Tontopf in das Beet pflanzen. So verhindern Sie garantiert unkontrolliertes Wuchern.

Das Anwachsen von gut durchwurzelten Topfkräutern ins Beet wird verbessert, wenn Sie den Ballen der Pflanzen, nachdem Sie den Topf entfernt haben, an der Außenseite etwas auflockern.

4 Einwurzeln verbessern

Vor dem Pflanzen von Kräutern in Kübel und Töpfe sollten Sie eine Dränageschicht aus Blähton oder Ziegelscherben einbringen, bevor Erde eingefüllt wird, um Staunässe zu vermeiden.

3 In Töpfe pflanzen

5 Erde andrücken

Nach dem Einsetzen der Kräuter wird durch Andrücken der Erde rund um die Pflanze der Wurzelschluss mit dem umgebenden Erdreich gewährleistet.

Die wichtigsten Gartengeräte

Die wichtigsten Gartengeräte

Eine Grundausrüstung an Gartengeräten werden Sie immer wieder benötigen, um Ihr Kräuterbeet anzulegen und zu pflegen. Zur Grundausstattung gehören ein Spaten sowie mehrere Rechen: ein breiter Metallrechen für Schnittgut, Laub und Gras, ein schmaler Metallrechen zum Harken und Lockern des Bodens sowie ein Holzrechen zum Einebnen des Beets und für die Ansaat. Zum Ausstechen von Wurzelstöcken und Anlegen eines Pflanzlochs dient eine Wiedehopfhacke. Pflanzhölzer dienen je nach Dicke zum Pflanzen und Pikieren von Stecklingen oder zum Einsetzen von Jungpflanzen und Zwiebeln.

GUT ZU WISSEN: Weiteres nützliches Zubehör sind eine Schubkarre zum Transportieren von Erde und Steinen, vor Verletzungen und Schmutz schützende Handschuhe und eine Gießkanne für die Wasserversorgung.

TIPP

„Achten Sie beim Kauf stets auf Qualität und Zweckmäßigkeit – vor allem, wenn Sie die Geräte oft gebrauchen. Ein höherer Preis zahlt sich meist durchaus durch eine längere Haltbarkeit aus. Beispielsweise sind Materialien wie Edelstahl zwar etwas teurer, sie sind jedoch rostfrei und halten dadurch länger. Außerdem haben sie durch ihre glatte Oberfläche eine bessere Gleitfähigkeit und lassen sich einfacher reinigen. Wichtig sind außerdem stabile Griffe und Verbindungen sowie auswechselbare bewegliche Teile.“

1 Grundausstattung

↑ Mit der Handschaufel können Sie Bodenverbesserungsmaßnahmen ausführen und Löcher ausheben. Außerdem benötigen Sie eine Gartenschere für die Kräuterernte und ein Gartenmesser für das Schneiden von Stecklingen. Eine Gartenschnur hilft Ihnen dabei, das Beet anzulegen.

Ein Handgrubber mit drei spitzen Zinken dient zum Auflockern des Bodens und Entfernen von Unkraut, vor allem zwischen niedrigen Stauden am Rand von Kräuterbeeten und Gehwegrändern.

2 Handgrubber

3 Gerätesortiment

Ein kleines Sortiment an den geläufigsten Gartengeräten von Grabegabel bis Laubrechen leistet auch bei der Anlage eines Kräutergartens gute Dienste und sollte vor Witterungseinflüssen geschützt z. B. in einem Geräteschuppen untergebracht werden.

4 Anzuchtschalen und -paletten

Zur Kräuteranzucht verwenden Sie am besten Anzuchtschalen aus Kunststoff. Multitopfplatten sind praktisch zum Ziehen und Pikieren und lassen sich wie ein kleines Gewächshaus verwenden.

GERÄTE PFLEGEN

Beim Stöbern in den Gartencentern oder in Baumärkten tauchen immer wieder Utensilien auf, die das Arbeiten erleichtern. Je nach Bedarf kann das Sortiment erweitert werden. Die besten Werkzeuge nützen aber nichts, wenn sie nicht funktionieren. Die kleinen Helfer sollten deshalb auch gut gepflegt und einsatzbereit sein. Das gilt z. B. für Handwerkzeuge wie Gartenscheren, die scharfe Klingen haben müssen, damit sie gut schneiden.

Kräutertopfgärten

INFO

» Zum Pflanzen bieten sich der Schönheit wegen vorzugsweise Terrakotta-Töpfe an. Billiger und ebenso gut sind Kunststoffkübel und -kästen. Allerdings müssen die Gefäße den jeweiligen Pflanzen angemessen sein. Große Arten wie Salbei und Lavendel oder auch Maggikraut und Meerrettich entwickeln sich nur in großen Kübeln zufriedenstellend, zumal sie ein üppiges Wurzelwerk treiben. Pfefferminze, Zitronenmelisse und dergleichen gedeihen aber auch in gewöhnlichen Balkonkästen oder Blumentöpfen. «

Kräuter-topfgärten

Küchenkräuter brauchen nicht unbedingt einen Platz im Garten. Sie wachsen auch auf dem Balkon, auf der Terrasse und einige sogar auf einer Fensterbank im Haus. Mit zwei oder drei Exemplaren, die in größere Kübel oder andere Gefäße gepflanzt werden, ist schon ein Grundstock an ausdauernden Kräutern beschafft. Dieser kann dann mit der Zeit beliebig erweitert werden. Das Gros der Kräuter sind Stauden und Einjährige. Diese sind nur in der Vegetationszeit, also im Sommer, attraktiv. Die Staudenartigen wie Pfefferminze, Zitronenmelisse oder Wermut ziehen im Herbst ein, treiben aber im Frühjahr wieder aus dem Wurzelstock aus.

GUT ZU WISSEN: Kräuter gedeihen in gewöhnlicher Erde. Sie können aber auch Substrate mischen und zwar zu gleichen Teilen aus Kompost, Gartenerde, grobem Sand und Blähtongranulat. Pure Gartenerde ist ungeeignet. Sie sackt im Topf zusammen und wird steinhart.

Einen ganz eigenen Charme entwickeln Terrassen und Balkone, die mit bunt zusammengewürfelten Pflanzgefäßen bestückt sind. Dieses geplante Durcheinander von Stilrichtungen, Formen und Farben lässt sich prima auf Regalen aus alten Backsteinen, Weinkisten oder rohen Brettern unterbringen.

1 Vielfalt und Üppigkeit

2 Klare Linien

Schnörkellose, einfache, aber ausgewogene Pflanzgefäße aus glasierter Keramik, Metall oder Zink ergeben mit einem Sandbett oder großen glatten Kieseln ein harmonisches Bild von ausgewogener Ruhe.

Mit viel Liebe und Geduld auf Flohmärkten oder beim Trödler zusammengetragen: Vom alten Einkochtopf bis hin zur ausgedienten Badewanne oder Gießkanne, hier passt alles, was gefällt.

4 Ungewöhnliche Gefäße

Südliches Flair zaubern Sie mit großen Terrakottatöpfen. Sehr gut eignen sich auch die sogenannten Erdbeer- oder Kräutertöpfe mit vier bis zwölf Taschen für leckere Kleinigkeiten und üppiges Arrangement.

3 Terrakotta

5 Zinkwannen

Meistens haben Sie auf Terrassen mehr Platz zur Verfügung, können also Töpfe, Tröge und Co. großzügiger platzieren. Schön eignen sich dazu auch Wannen und Bottiche aus Holz oder Metall.

Zünftig und rustikal sind Holzgefäße. Für ein rustikales Erscheinungsbild der Terrasse oder des Balkons eignen sich Holzgefäße wie große Holztröge oder alte Weinfässer, die Sie im Spezialhandel oder direkt beim Winzer kaufen können.

6 Kräuter im Holzbottich

7 Mediterraner Blickfang

Terrakottatöpfe gibt es in einem riesigen Sortiment. Schön arrangiert, unterstreichen sie die natürliche Wirkung einer Bepflanzung im mediterranen Stil. Mit aromatischen Schönheiten des Mittelmeers ist Urlaub zu Hause angesagt – wer will da noch weg?

Eine klassische Variante, den Hauseingang mit Topfpflanzen zu schmücken, besteht darin, auf jede Seite einen Kübel zu platzieren. Variieren können Sie dieses Arrangement mit kleinen blühenden Pflanzen je nach Saison. Lavendelbüsche (Lavandula officinalis) zählen zu den Gehölzen. Die immergrünen Sträucher sind recht frosthart und ausdauernd. In großen Gefäßen entwickeln sie sich zunehmend üppiger. Wenn sie mit der Zeit zu langstielig werden, regt sie ein Rückschnitt im Spätwinter wieder zur Verzweigung und buschigem Wuchs an. Im Sommer danach blühen die gestutzten Lavendelbüsche zwar nur spärlich, ein Jahr später haben sie sich aber schon wieder verjüngt.

8 Lavendelbüsche als Begrüßung

Gewürzpflanzen auf der Fensterbank: Im Winter sind sie in der Küche eine schnelle Alternative zum Würzen der Speisen und im Sommer machen sie auf der Außenseite der Fensterbank Erholungsurlaub.

9 Auf der Fensterbank

PASSENDE GEFÄSSE

Größe und Form des Gefäßes und der Pflanze sollten aufeinander abgestimmt sein. Im Idealfall führt der Wuchs der Pflanze das Gefäß optisch weiter, umgekehrt unterstreicht das Gefäß den Charakter der Pflanze. Mediterrane Kräuter harmonieren z. B. sehr gut mit rustikalem Pflanzgeschirr, also Töpfen aus Ton, Metall mit Patina oder Holz, dem man mit einer Lasur eine nostalgische Note verleihen kann.

Mit Folie ausgekleidete Weidenkörbe behalten zwar meist nur für eine Gartensaison ihre Schönheit, sorgen aber für Abwechslung im Topfgarten. Ideale Gefäße für mediterrane Arten wie Rosmarin oder Ysop. Sie brauchen im Sommer einen sonnigen Platz im Freien.

10 Natürliches Flair

11 Treppenaufgang

Je nachdem, wie viel Platz Ihnen zur Verfügung steht, können Sie auf jede Stufe Ihres Treppenaufgangs einen Topf stellen, z. B. in unterschiedlichen Farben und Töpfen abwechselnd bepflanzt.

Aromatische Kräuterspirale

TIPP

» Idealerweise sollten Sie am Fuß der Kräuterspirale eine kleine Wasserfläche vorsehen, die in Richtung Süden liegt. Sie sorgt am Beginn der Spirale für eine erhöhte Luftfeuchtigkeit. Bei Hitze reduziert das Wasser die Temperatur etwas und speichert die Wärme der Sonne. Zusätzlich spiegelt die Wasserfläche das Sonnenlicht auf die Mauer der Spirale und erwärmt diese. «

Aromatische Kräuterspirale

Die an ein Schneckenhaus erinnernde Kräuterspirale erfreut sich bei Gärtnern in letzter Zeit immer größerer Beliebtheit. Dabei können Sie die Pflanzschnecke beispielsweise so anlegen, dass die Mitte etwas höher liegt. So erhält die Spirale ein harmonischeres Gesamtbild. Hierfür empfiehlt sich eine Spirale aus gemörtelten Mauern. Als Standort benötigen Sie eine 2–3 m² große, sonnige Fläche. Bei der Planung und bei der Bepflanzung müssen Sie beachten, dass alle Pflanzen ausreichend Licht erhalten.

GUT ZU WISSEN: Als Material für gemörtelte Mauern eignen sich Naturstein, Ziegel, Klinker und auch Betonformsteine.

Markieren Sie die Umrisse eines Kreises mit ca. 2 m Durchmesser mithilfe einer Schnur und Sand oder Kalkstaub. Heben Sie dann zunächst eine etwa 80 cm tiefe Grube aus.

1 Untergrund vorbereiten

DEKORATIVE GESTALTUNG

Kräuterspiralen sind nicht nur für Kräuter ein idealer Standort, sie sind zudem auch ein Blickfang im Garten.

Das Fundament sollte aus einer 40 bis 50 cm dicken Schicht Kies oder Schotter bestehen. Füllen Sie damit das Fundament auf. Mit einer Rüttelplatte müssen Sie nun das Fundament noch verdichten.

2 Fundament füllen

3 Die ersten Reihen

Als Nächstes rühren Sie den Mörtel an. Das Verhältnis von Wasser zu Mörtel können Sie dabei der Verpackung entnehmen. Legen Sie die unterste Steinreihe im gewünschten Verlauf auf dem Fundament aus. Achten Sie dabei darauf, dass die Steine nicht wackeln. Liegt die unterste Schicht, beginnen Sie mit dem Mauern.

Achten Sie beim Mauern darauf, dass die Fugen versetzt zueinander angeordnet sind. Von Zeit zu Zeit sollten Sie mit einem Lot kontrollieren, ob die Mauer gerade steht. Nachdem der Mörtel getrocknet ist, legen Sie auf dem Boden ein Mausgitter aus und ziehen die Ränder 10 cm hoch. Für eine harmonische Spiralform, die sanft ausläuft, mauern Sie jede Steinreihe 50 cm kürzer als die darunterliegende, bis die Spirale in der Mitte ca. 80 cm hoch ist.

4 Beet aufmauern

Zum Schluss befüllen Sie die Kräuterspirale, langsam ansteigend, mit einer Mischung aus Sand, Komposterde und Pflanzerde.

5 Beet befüllen

EINE SCHNELLE ALTRERNATIVE – DIE FLACHE KRÄUTERSPIRALE

Eine flache Kräuterspirale lässt sich auch im kleinen Garten gut realisieren, da die Größe dem zur Verfügung stehenden Platz angepasst werden kann. Sie ist durch Trittsteine bequem zu begehen.

Für eine flache Kräuterspirale brauchen Sie einige Trittsteine, besonders schön sind hier Natursteine. Wie viele Sie benötigen, hängt davon ab, wie groß die Spirale werden soll. Sie setzen die Steine einfach spiralförmig auf die vorbereitete Erde und pflanzen dazwischen Ihre Kräuter. Großwüchsige Gewächse sind in der Mitte gut aufgehoben, niedrigere Arten sollten Sie dagegen lieber an den Rand pflanzen.

Das ansteigende Niveau ermöglicht unterschiedliche Wachstumsbedingungen. Ganz oben ist die Sonneneinstrahlung am größten, die Erde trocken. Diese Bedingungen bevorzugen Kräuter wie Salbei. Näher am Rand und weiter unten ist die Lage feuchter, windgeschützter und nährstoffreicher. In der Mitte wachsen Rosmarin, Melisse und Lavendel. Ganz unten fühlen such Basilikum, Schnittlauch oder Borretsch wohl.

6 Kräuterschnecke bepflanzen

1 Ländlich rustikal

Eine Kräuterschnecke aus groben Bruchsteinen fügt sich harmonisch in einen ländlich gestalteten Garten ein, auch die Mauerspalten sind üppig mit wärmeliebenden Kräutern bewachsen.

Ein abwechslungsreich bepflanztes Staudenbeet gibt hier einer in verschiedenen Schattierungen von Grün bepflanzten Kräuerinsel aus verschiedenen Steinen den passenden Rahmen.

3 Im Staudenbeet

WELCHES ARRANGEMENT AN WELCHEM STANDORT?

Wählen Sie Pflanzen, Material und Form der Kräuterschnecke immer nach dem jeweiligen Standort und der Umgebung aus.

Diese Kräuterschnecke erhebt sich in einem naturnahen Garten aus der dichten Bepflanzung mit halbhohen und hohen Wildstauden und ist Heimat für eine Reihe nützlicher Tiere wie Insekten oder Eidechsen.

2 Naturnah

4 Blickfang auf dem Rasen

Die strengen Grundstrukturen der Gartenanlage werden durch die Kräuterschnecke und ihr Baumaterial aufgegriffen, gleichzeitig ist die Bepflanzung ein belebender Blickfang auf dem strengen Rasen.

Klostergartenbeet anlegen

INFO

» Ordnung kennzeichnet den Klostergarten, so wie auch das Leben bei den Ordensmännern und -frauen in geregelten Bahnen verlief. Die klassische Beetanlage wird in gleichmäßige Rechtecke eingeteilt. Statt der Rechtecke können Sie jedoch auch andere geometrische Formen anlegen. «

Klostergartenbeet anlegen

Die ersten Klostergärten wurden im 6. Jahrhundert von den Mönchen des Benediktinerordens in Italien angelegt. Ab dem 8. Jahrhundert verbreiteten diese sowohl ihr Wissen als auch mediterrane Pflanzen und Kräuter nördlich der Alpen. Die Arbeit in den Gärten diente den Mönchen zur Selbstversorgung in der Küche, der Meditation und Ruhe sowie der Pflege von Kranken.

***GUT ZU WISSEN:** Aus den Klostergärten gelangten viele Kräuter im Laufe der Zeit in die Gärten der Bauern, wodurch im Mittelmeerraum beheimatete Gewächse wie Fenchel und Liebstöckel bei uns heimisch geworden sind.*

1 Klare Strukturen und Einteilungen

↑ Trennen können Sie die Abschnitte im Kräuterklosterbeet z. B. mit Kiesel- oder Ziegelsteinen. Die Vorteile dieser strukturierten Anpflanzung liegen klar auf der Hand: Sie können den Klostergarten bei jedem Wetter betreten und Ihre Schuhe bleiben sauber, er ist leicht zu pflegen und Sie können durch beschriftete Schildchen auch einem Laien den Gebrauch Ihres Kräuterbeets erleichtern.

ETWAS ABWECHSLUNG

Wenn Ihnen das klassische Rechteck zu langweilig ist, wie wäre es mit einem Kräuterkreuz, Kräuterstern oder Dreieck?

2 Geschützte Lage

Einen Kräutergarten im klösterlichen Stil kann man auch im eigenen Garten umsetzen. Der Kräutergarten eines Klosters ist in der Regel geometrisch aufgebaut und meist von Hecken oder Mauern umgeben, damit die Pflanzen geschützt wachsen. Daher sollte beim Anlegen eines eigenen Kräutergartens darauf geachtet werden, dass man für den Garten einen geschützten Platz wählt. So hat man länger etwas von seinen Kräutern.

GUT ZU WISSEN: Laut den Anordnungen Kaiser Karls des Großen gehörten folgende Kräuter in einen Klostergarten: Anis, Dill, Kümmel, Petersilie, Ringelblume, Rosmarin, Salbei, Schwarzkümmel und Tausendgüldenkraut.

Eine Variante des klassischen Klosterbeets ist das Hochbeet. Stecken Sie dazu eine rechtwinklige Fläche auf dem vorgesehenen Platz ab und errichten Sie auf den Grenzen ein Rechteck aus einer Mauer oder Wänden, die 0,5–1 m hoch sind. Besonders schön sehen Natursteine aus, rustikal wirken Holzbalken.

3 Klosterhochbeet

Kräutersteingarten anlegen

Kräuterstein-garten anlegen

Schon viele Naturfreunde wurden bei Exkursionen in Gebirgsregionen zur Gestaltung mit Gestein angeregt. Aber auch kleine Gärten bieten genügend Fläche für die Gestaltung mit Steinen, Erde und alpinen Pflanzen. Besonders gut entwickeln sich Steingärten an sonnigen Plätzen. Dort können Sie das Schöne hervorragend mit dem Nützlichen verbinden, indem Sie z. B. mit einer Trockenmauer aus Naturgestein einen Hang stützen oder Küchenkräuter im Steingarten an der Terrasse kultivieren. So kann z. B. ein bereits vorhandener Hang (Ost-, Süd- oder Westseite) zu einem mediterranen Steingarten werden.

GUT ZU WISSEN: *In die Zwischenräume der Steine werden die Pflanzen gesetzt. Hierfür eignen sich Kräuter, die gut mit trockenen Standorten zurechtkommen.*

INFO

„Zwar macht der Aufbau eines Kräutersteingartens Mühe, doch braucht der fertige Steingarten recht wenig Pflege. Im Wesentlichen müssen nur störende Pflanzen, die sich selbst ansiedeln, immer wieder gejätet werden, damit die erhaltenswerte Vegetation ungehindert wachsen kann."

1 Regionale Baustoffe

Das Material ist so vielfältig wie die Gestaltungsmöglichkeiten. Es gibt Kalkgestein, Granit, Schiefer, Sandstein und viele andere Arten und Formen, so etwa große Quader, flache Platten oder geschliffene Kiesel. Das Gestein sollte möglichst aus der näheren Umgebung stammen, zumal regionale Baustoffe am besten in den Garten passen und weil sie zudem einfacher zu beschaffen sind.

STEINE LIEFERN LASSEN

Der Transport kleiner Mengen an Steinen lässt sich mit einem Anhänger erledigen. Große Mengen liefert ein Spediteur.

2 Erste Pflege

Sobald der Steingarten angelegt ist, sollten Sie die Kräuter langsam mit Wasser einschlämmen, ohne Erde auszuspülen. Bei Trockenheit muss auch während der Saison gewässert werden, bis die Pflanzen richtig festgewurzelt sind. Später beschränkt sich die Pflege dann vorwiegend auf das Unkrautjäten. Am Ende der Saison bekommen die kälteempfindlichen Arten einen Frostschutz.

GUT ZU WISSEN: Gelungene Steingärten bieten vielen Tieren einen idealen Lebensraum. So dauert es nach dem Aufbau oft nur kurze Zeit, bis die ersten Eidechsen in der Sonne baden und Schmetterlinge Nektar suchen.

Neben Kräutern wie Thymian, Schafgarbe, Salbei oder Lavendel gedeihen auch Gehölze wie Zirbelkiefern, Säulenwacholder, Felsenmispeln, Felsenbirnen, Bergkiefern (insbesondere Zwergformen), Alpenrosen und Seidelbast gut in Steingärten. Von den ausdauernden Stauden bieten sich Polsterphlox, Blaukissen, Steinkraut, Mauerpfeffer, Hauswurz, Küchenschelle, Alpenmohn, Mannsschild, Nelken, Steinbrech und Silberdistel an.

3 Gemischter Steingarten

Kräuter auf dem Balkon

Kräuter auf dem Balkon

Kräuter machen sich auch auf dem Balkon gut. Beim dekorativen Arrangieren der Balkonkräuter können Sie Ihrer Fantasie freien Lauf lassen. Kräuter gedeihen hervorragend an vollsonnigen Plätzen. Sobald kräftige Jungpflanzen zur Verfügung stehen, können die Kästen und Kübel bepflanzt werden. Nach der Pflanzung bilden die vitalen Gewächse bald üppige Bestände, die sich natürlich auch maßvoll abernten lassen. Ernten Sie immer nur die jungen Triebspitzen oder einzelne Blüten für die Küche, das schadet den Pflanzen nicht. Vielmehr regt sie der Schnitt zu buschigem Wuchs an.

GUT ZU WISSEN: Wichtig ist, dass die Kästen reichlich und regelmäßig mit Wasser versorgt werden. Bei Bedarf bekommen die Pflanzen Dünger. Kräuter lassen sich gut mit Gemüse und Sommerblumen kombinieren. Ihrer Experimentierfreude sind dabei keine Grenzen gesetzt.

TIPP

» Beginnen Sie mit wenigen Gewächsen und schaffen Sie sich statt eines riesigen Sortiments einen überschaubaren Bestand an, dessen Pflege mühelos zu bewältigen ist. «

1 Pflegeaufwand minimieren

↑ Wenn Sie mit einigen robusten Arten zufrieden sind, beschränkt sich die Pflege auf die regelmäßige Wasserversorgung und die nötige Düngung. Nur Staunässe wirkt sich ungünstig aus.

Ein alter Krug, ein salzglasierter Sauerkrauttopf als Übertopf oder eine ausgediente Zinkgießkanne in harmonischer Eintacht. Auf dem Kräuterbalkon passt alles, was gefällt.

2 Experimentierfreude

3 Pflanze und Gefäß

Die Farbe von Gefäß und der Pflanze können aufeinander abgestimmt sein. Vielleicht setzt der Wuchs der Pflanze einen optischen Kontrast zum Gefäß oder umgekehrt. So passen überhängende Gewächse mit vielen kleinen Blättchen und zarten Blüten sehr gut in fein verzierte Ton- oder Gipstöpfe oder -ampeln im klassischen Stil. Die glatte Fläche der Kiste oben steht etwa im Gegensatz zu den strahlenförmigen Lavendelblüten.

4 Material

Balkonkästen und -töpfe sind im Handel in unterschiedlichsten Varianten erhältlich. Neben bewährtem Holz und stilechtem Terrakotta sind heute immer häufiger Plastikkästen im Gebrauch.

HEILKRÄUTER AUF DEM BALKON

Heilkräuter sehen den Sommer über auf dem Balkon recht dekorativ aus. Ringelblumen warten mit leuchtend gelben Blüten auf und den Salbei machen seine silbrigen Blätter sehenswert. Die Pflanzen stehen in den Gefäßen jederzeit zur Verfügung. So lassen sich immer wieder einige Blätter, etwa vom Salbei oder von der Pfefferminze, für einen Tee oder auch für den Frischverzehr pflücken.

Die geringe Balkon- oder Terrassenfläche lässt nur die Platzierung einiger ausgewählter Arten zu. Ideal für die Kombination von Kräutern und Gemüse sind Salate und kleine Gemüsezüchtungen, wie etwa Buschtomaten und Paprika sowie Basilikum, Schnittlauch und Salbei.

5 Kräuter mit Gemüse kombinieren

Natürlich sind auch Kombinationen mit Sommerblumen möglich. Pfefferminze und Co. verbreiten einen frischen Duft, bringen aber nur unscheinbare Blüten hervor. Sie können das Kräuterarrangement mit bunten Sommerblühern wie Sonnenblumen ergänzen.

6 Kräuter und Sommerblumen

7 Kräutervisionen

Wie hier auf der Chelsea Flower Show kann die Vision von Küchenkräutern wie bei dieser Gartenküche bis hin zu komplett mit Kräutern und Gemüse bewachsenen offenen „Gartenräumen" weiterentwickelt werden.

Spezielle Pflanzwände ermöglichen den Anbau von Kräutern an senkrechten „Kräuterwänden" mit einem Pflanzvlies, das zwischen zwei Gittern angebracht ist.

8 Wand aus Kräutern

9 Duftkräuter

Frische Kräuter sind nicht nur jeder gesunden Küche zweckdienlich, sondern verbreiten frische Düfte, die Ihren Balkon zum gern besuchten Ort machen werden. Wenn Sie einen Dufkräutergarten planen, können Sie die Wohlgerüche z. B. wie bei einem Parfum kombinieren. Schön, sinnlich und nützlich zugleich ist eine solche Duftkräuterkombination. Kombinieren Sie verschiedene Kräuter wie z. B. Rosmarin, Gartenthymian und Bergbohnenkraut.

10 Kräuter an der Wand

Auch mit einfachsten Mitteln lassen sich auf kleinen Balkonen improvisierte Pflanzgefäße an der Wand befestigen und zum Anbau von Heil- und Küchenkräutern nutzen.

DIE PLANUNG

Bevor Sie nun zur Tat schreiten und Pflanzen, Kästen und Erde kaufen, sollten Sie eine Material- und Pflanzenliste erstellen. Überlegen Sie, wie Ihr Balkon liegt und wie groß er ist. Entsprechend der Größe oder der verfügbaren Fläche – auch Möbel brauchen Platz – können Sie Größe und Anzahl der Kästen, die Menge an Substrat und die Anzahl der Pflanzen abschätzen. Vliesmatten, Wasserauffangschalen und Befestigungselemente für die Kästen ergänzen die Ausstattung.

PFLEGEN, PFLANZEN UND ERNTEN

Pflegearbeiten bei Kräutern

Eigentlich ist die Pflege eines Kräutergartens nicht besonders anspruchsvoll. Trotzdem muss auch ein Kräutergarten gepflegt werden. Dies sollte mit ebensolcher Sorgfalt angegangen werden wie im übrigen Stauden- bzw. Gemüsegarten. Ein spezielles Augenmerk sollten Sie dabei auf die Wasserversorgung legen. Grundsätzlich muss der zügige Wasserablauf – ob im Beet oder im Pflanzgefäß – gewährleistet sein. Die Kräuter dürfen nicht im Wasser stehen. Auch bei starken Regenschauern sollte das Wasser gut ablaufen können.

GIESSEN BEI TROCKENHEIT

Auf der anderen Seite müssen Sie immer eine ausreichende Versorgung mit Wasser gewährleisten. Es ist also Gießen bei Trockenheit angesagt. Zur Verteilung können neben der guten alten Gießkanne und dem bewährten Gartenschlauch auch spezielle Regner, Tropfer und Sprinkler oder komplette Bewässerungssysteme nützlich sein.

GIESSKANNE

Wasser kann man gießen, spritzen oder sprühen. Zum Gießen steht in jedem Garten eine stets gefüllte Gießkanne bereit. Damit lassen sich Topf-, Balkon- oder einzelne Pflanzen auf den Beeten gezielt versorgen. Allerdings macht die Versorgung sehr viel Mühe, wenn etwa nach dem Pflanzen tüchtig gewässert werden muss.

GARTENSCHLAUCH

Dann erleichtert ein Schlauch mit verstellbarer Düse die Wasserversorgung. Mit einer Universaldüse für Sprüh- und Weitstrahl lässt sich das Wasser richtig dosieren. Der Gartenmarkt bietet eine Reihe sehr nützlicher und preiswerter Steckdüsen und Verteiler. Es lohnt sich, rechtzeitig für Regenpausen Gießwasser zu sammeln oder aus vorhandenen Quellen zu erschließen, damit es dann bei Bedarf rasch und ausreichend zur Verfügung steht. Zur Dauerbewässerung sollten Sie kein Trinkwasser verwenden, sondern Wasser aus einem Brunnen oder einer Zisterne nutzen.

Ein Gartenschlauch ist die unentbehrliche Wasserleitung im Garten. Durch das biegsame leichte Gummirohr lässt sich das Wasser rasch in jede Gartenecke leiten. Der Schlauch ist ebenso schnell wieder weggeräumt, wenn ein Schlauchwagen bereitsteht oder ein Schlauchhalter vorhanden ist. Auch „Sprühschlangen" können Sie während der Saison in die Kräuter legen. Nach dem Anschluss an die Wasserquelle dringen kleinste Tröpfchen aus winzigen Öffnungen und benetzen die umgebenden Pflanzen. Stattdessen kann man auch Perlschläuche auslegen, wenn nur die Erde befeuchtet werden soll. Das sind poröse Kunststoffschläuche, durch die das Wasser wie durch einen Schwamm auf den Boden quillt.

WACHSTUM KONTROLLIEREN

Haben Sie immer wieder auch ein Auge auf die Ausbreitung der Kräuter in Ihrem Kräutergarten. Schneiden Sie die Pflanzen regelmäßig zurück, so erhalten Sie einen kräftigen Wuchs und immer wieder einen neuen zarten Austrieb zum Ernten. Auf diese Weise beugen Sie aber auch der Gefahr vor, dass sich die Pflanzen gegenseitig be- bzw. verdrängen.

DAS ENDE DER GARTENSAISON

Im Herbst, wenn die meisten Pflanzen ihr Triebwachstum abschließen, endet auch das Gartenjahr. Dann stehen umfangreichere Pflegearbeiten an. Die Gartenpflege zum Ende der Saison richtet sich ganz wesentlich nach der Art der Anlage. Jeder Garten sollte aber möglichst schonend behandelt werden. Ein rücksichtsloser Gartenputz im Herbst schadet mehr, als er nützt – vor allem, wenn dabei Igel, Eidechsen oder andere nützliche Tiere aufgestöbert werden, die sich bereits in ihre Winterschlafquartiere zurückgezogen haben. Ebenso schädlich ist das Entfernen von Falllaub und das Beseitigen im Müllcontainer, was leider immer noch geschieht. Laub hat sich als wertvoller Rohstoff bewährt. Es lässt sich kompostieren oder direkt als Mulchschicht in den Beeten nutzen. Das luftige Material kann aber auch als kostenloses Frostschutzmittel bei empfindlichen Kräutern und Stauden

dienen. Nach dem Anhäufeln bekommt die Laubschüttung eine Abdeckung mit Fichtenzweigen, dann weht sie der Wind nicht fort.

FRÜHLINGSBLÜHER BRINGEN FARBE INS KRÄUTERBEET:

Nach einem langen Winter schenken uns die Frühlingsblüher die ersten Farbtupfer auch im Kräuterbeet. Krokusse und Anemonen läuten das Frühlingserwachen ein. Damit wir uns an der Farbenpracht erfreuen können, müssen wir schon im Herbst die Vorbereitungen treffen. Die Zwiebeln müssen vor dem ersten Frost in den Boden gebracht werden. Das gilt auch für Tulpen und Narzissen. Frühlingsblüher fühlen sich nicht an jeder Stelle wohl. Günstige Pflanzplätze für die Frühlingsblüher sind auch die Zwischenräume zwischen einzelnen Kräuterstauden. Wunderschön sieht es auch aus, wenn Sie die Zwiebeln in kleinen zusammenstehenden Gruppen pflanzen. So werden Sie im Frühjahr immer wieder mit kleinen Farbtupfern in Ihrem Garten verwöhnt.

WINTERSCHMUCK UND RÜCKSCHNITT

Als ebenso schädlich hat sich der rigorose Rückschnitt von Gartenpflanzen im Herbst erwiesen. Gestutzte Pflanzen frieren stärker zurück. Das gilt auch für Kräuter, die schöne Trockenstände haben. Auch sie bekommen ihren Rückschnitt erst im Frühjahr vor dem Austrieb. Bis dahin sehen sie im Winter dekorativ aus, wenn sie der Reif überzieht oder wenn kleine Schneehauben auf den trockenen Blütenständen sitzen.

KOMPOSTGABEN

Im Herbst ist eine gute Gelegenheit zum Entleeren der Kompostsilos und zum Verwerten der fertigen Komposterde. Der nährstoffhaltige Humus eignet sich gut zur Bodenverbesserung. Die leeren Silos stehen dann sofort wieder für neue Rohstoffe bereit, die beim Entfernen der einjährigen Sommerblumen, mit dem überschüssigen Laub oder beim letzten Rasenschnitt anfallen.

Richtig düngen

In diesem Fall ist weniger mehr. In der Regel sind Kräuter recht anspruchslos in ihren Nährstoffvorlieben. Trotzdem muss man auch hier differenzieren, denn verschiedene Kräuterpflanzen haben unterschiedliche Ansprüche. Orientieren können Sie sich hier grundsätzlich an den Standortvorlieben der Pflanzen und an ihrer jeweiligen Heimat. Viele mediterrane Kräuter (Salbei, Majoran und Bohnenkraut) bevorzugen eher karge, trockene und nährstoffarme Substrate. Andere Kräuter wie beispielsweise Petersilie, Schnittlauch oder auch Wermut haben hier deutlich höhere Ansprüche für ein gesundes Wachstum.

Richtig düngen

TIPP

» Orientiert an den Wachstumsansprüchen der Pflanzen, sollten Sie auf jeden Fall zurückhaltend düngen. Ausschlaggebend für die Düngerwahl ist natürlich auch, wo Sie die Kräuter anbauen, im Kräutergarten, auf der Fensterbank in der Küche oder in Töpfen und Trögen auf Terrasse oder Balkon. «

Bevorzugen Kräuter sonnige, eher trockene Standorte, können Sie davon ausgehen, dass diese Pflanzen auch weniger auf zusätzliche Nährstoffgaben angewiesen sind. Typische Kräuter mit deutlich reduziertem Nährstoffbedarf sind beispielsweise Majoran, Bohnenkraut, Salbei, Rosmarin, Johanniskraut, Lavendel, Thymian und Ysop. Kräuterarten, die einen eher frischen bis feuchten Boden bevorzugen und sich auch im Halbschatten oder Schatten wohlfühlen, benötigen im Allgemeinen dagegen nährstoffreichere Wachstumsbedingungen. Hierzu zählen beispielsweise Basilikum, Baldrian, Schnittlauch, Petersilie, Liebstöckel, Wermut, Kümmel, Dill, alle Minzarten sowie Borretsch.

WELCHER DÜNGER?

Steht den Kräutern nur ein begrenzter Wurzelbereich zur Verfügung, wachsen sie in Pflanzgefäßen auf dem Balkon oder der Terrasse, ist dies natürlich bei der Düngung zu berücksichtigen. Da die Nährstoffdepots darin ebenfalls begrenzt sind, ist hier eine regelmäßige zusätzliche Düngergabe sinnvoll, da die Nährstoffe in dem meist engen Pflanztopf verhältnismäßig schnell auswaschen. Spezielle im Handel erhältliche Kräuterdünger sind auf diese Gegebenheiten abgestimmt. Beachten Sie, dass der Dünger nur wenig Phosphor, der die Bildung von Blüten anregt, enthält.

DAS WIE UND WANN IST ENTSCHEIDEND

Auch Pflanzenjauchen sind für die Düngung von Kräutern sehr gut geeignet, allerdings aufgrund des Geruchs weniger in geschlossenen Räumen. Flüssigdünger bietet vor allem bei Topfkräutern viele Vorteile, da er gut dosiert und verabreicht werden kann. Verwendet man Flüssigdünger, ist darauf zu achten, dass der Dünger im Wurzelbereich gegeben wird, damit die Blätter keinen Schaden nehmen. Außerdem wird das Kraut vieler Kräuter geerntet und verzehrt. Topfkräuter mit geringem Nährstoffanspruch brauchen Sie nur alle 5–7 Wochen zu düngen, bei intensiver Ernte und nährstoffhungrigen Pflanzen ist entsprechend öfter zu düngen, ruhig alle 4 Wochen in der Hauptwachstumsperiode. Bei Freilandpflanzen kann auf eine Düngung auch gänzlich verzichtet werden, wenn der Boden ausreichend Nährstoffe bietet, bzw. die Pflanzen werden nach Bedarf mit zusätzlichen Nährstoffen versorgt.

Organische Dünger wie Kompost oder Hornspäne sind für Kräuterpflanzen ideal. Die Nährstoffe werden nur sukzessive an die Kräuter abgegeben und sie dienen nicht nur als Nährstofflieferant, sondern verbessern auch die Bodenqualität und -fruchtbarkeit.

1 Organischer Dünger

2 Jauche ansetzen

Tierische wie auch pflanzliche Dünger können als Jauchen in Wasser angesetzt werden und direkt bei den Kräutern ausgebracht werden. Man sollte allerdings gerade bei Kräutern vorsichtig damit umgehen, da sie einen kräftigen Wachstumsschub bewirken. Deshalb sollte man sie nur stark verdünnt anwenden.

GERINGER NÄHRSTOFFBEDARF

Für Kräuterbeete ist meist eine Düngung mit Kompost im Frühjahr bzw. vor dem Einsetzen der Pflanzen vollkommen ausreichend.

Für besonders nährstoffhungrige Kräuter wie Liebstöckel oder Petersilie bietet sich ein organischer Langzeitdünger an.

3 Mineralische Gesteinsmehle

Kalk zählt zu den mineralischen Gesteinsmehlen, er wird gegen die Versauerung von Böden eingesetzt und verbessert die Bodenstruktur. Ein Zuviel kann aber gravierende Mangelerscheinungen hervorrufen, da er auch Nährstoffe bindet. Gesteinsmehl ist hier sinnvoller, da es auch den Boden verbessert und das Bodenleben anregt.

Kräuter überwintern

Viele Kräuter sind einjährig bzw. werden nur einjährig kultiviert, es gibt aber auch zahlreiche mehrjährige Heil- und Küchenkräuter, sie stammen zum Teil aus wintermilden Regionen oder sind durch Züchtung entstanden. So gibt es neben völlig frostharten Kräutern eine Reihe von nicht ganz winterharten Pflanzen. Diese müssen im Beet zwangsläufig im Freien bleiben, zumal sie ausgepflanzt und fest verwurzelt sind, sie brauchen aber einen Winterschutz, wenn strenge Fröste zu erwarten sind, hierzu dienen z. B. einige Tannenzweige oder lockeres Herbstlaub.

Alle immergrünen Kräuter sind im Winter auf eine ausreichende Wasserversorgung angewiesen. Bei Bodentrockenheit bleiben Blattschäden nicht aus. Solche Verbrennungen zeichnen sich vor allem bei anhaltendem Dauerfrost ab, zumal bei Bodenfrost kein Wasser für die Wurzeln verfügbar ist.

Kräuter in Pflanzgefäßen wie beispielsweise Rosmarin können schon in der ersten frostigen Nacht von Schäden bedroht sein. Sie stammen – wie viele andere – aus dem Mittelmeerraum, aus Südafrika oder aus anderen wintermilden Regionen und sind auf ein frostsicheres Quartier angewiesen. Diese Kräuter lassen sich bei uns gut als Kübelpflanzen kultivieren. Natürlich gibt es Unterschiede in der Frosthärte. Pflanzen, die den Sommer in einer geschützten Nische am Balkon verbracht haben, sind wesentlich empfindlicher als verwandte Exemplare, die direkt im Freien, an exponierten Lagen, bei Wind und Regen abgehärtet wurden.

Denken Sie daran, dass der nächste Winter immer strenger werden kann als im Jahr zuvor. Obwohl recht robuste Arten, wie z. B. Lorbeer, möglichst lange an der frischen Luft im Freien bleiben sollten, zumal der Aufenthalt im Haus nur eine Notlösung ist, dürfen sie nicht draußen vergessen werden. Bei mildem Wetter können solche Kräuter noch im November im Freien stehen. Bei Frostgefahr gehören sie aber in ihr Quartier. Das kann je nach Art ein kühler, frostfreier Keller sein oder ein heller, warmer Wintergarten. So vertragen beispielsweise sommergrüne Gewächse, die ihr Laub im Herbst verlieren, durchaus einen dunklen Stand. Allerdings darf es diesen sommergrünen Pflanzen nicht zu warm werden. Sonst treiben sie vorzeitig aus und bilden lange dünne Triebe. Den meisten Balkon- und Kübelpflanzen bekommt am besten ein heller, kühler Raum. Ideal wäre ein leicht temperierter Wintergarten, ein unbeheizter, aber frostfreier, heller Flur oder ein kühles, helles Schlafzimmer. Immerhin sind die Tage im Winter sehr kurz und selten sonnig. Das regt die Pflanzen natürlich nicht zum Wachsen an. Dementsprechend vertragen sie auch keine Wärme.

TIPP

» Wenn keine geeigneten Quartiere vorhanden sind, nehmen auch Gärtnereien gelegentlich Kübelpflanzen in Obhut. Selbstverständlich muss dann für die Überwinterung bezahlt werden (ca. 50 € pro qm Standfläche inkl. Pflege). «

Im Sommer sind die Kräuter recht genügsam und unkompliziert. Im Winter brauchen sie etwas mehr Aufmerksamkeit. Zunächst gilt es, für jedes Küchenkraut den richtigen Winterplatz zu finden. Kräuter mögen es weder zu warm noch zu kalt.

1 Der richtige Winterplatz

SPÄT EINWINTERN

Obwohl die tiefsten Wintertemperaturen erst im Januar zu erwarten sind, muss bereits im September mit ersten Nachtfrösten gerechnet werden! Es lohnt sich deshalb, die Wetteraussichten zu beachten und rechtzeitig Vorsorge zu treffen. Bei mildem Wetter sollten die Kräuter im Kübel allerdings so lange wie möglich draußen bleiben. Pflanzen brauchen auch im Winter gelegentlich Wasser. Staunässe ist ebenso wie Austrocknung zu vermeiden. Häufiges Lüften bei frostfreiem Wetter schützt vor Schädlingen.

Vor Einbruch des Winters ist es sinnvoll, den Kräutergarten winterfest zu machen. Hierzu dient eine Abdeckung mit einer dicken Laubschicht oder Tannenreisig. Vermeiden Sie undurchlässige Kunststofffolien, darunter würden die Pflanzen nur faulen bzw. vertrocknen.

2 Garten winterfest machen

3 Ein- und Mehrjährige

Während ausdauernde Kräuter bei geschützter Überwinterung auch im Kübel große Büsche bilden können, hat das Einwintern von einjährigen Arten natürlich keinen Sinn. Sie sterben nach der Saison ab und lassen sich nicht mehrjährig ziehen.

Dekorative Blüten- bzw. Samenstände sind auch im Winter eine wahre Augenweide und Freude im Kräutergarten.

4 Kugelblüten im Schnee

5 Schneebedeckter Garten

Eine dicke Schneeschicht ist der beste Frostschutz im Winter auch für das Kräuterbeet. Darunter sind die Pflanzen vor tiefen Temperaturen und starken Frösten geschützt. Frostschäden verursachen vor allem tiefe Temperaturen ohne Schutz.

6 Petersilie mit Schnee

Früher Schnee ist für manche Kräuter wie hier für Petersilie nicht so schlimm wie Minusgrade und Frosttrockenheit.

SCHON GEWUSST?
Im Zuge des Aus- oder Umquartierens bietet sich die Gelegenheit zur Pflege der Pflanzen. Bevor die Kübelpflanzen ihre Kraft zur Entwicklung neuer Triebe einsetzen, sollten sie – falls nötig – einen Schnitt bekommen.

7 Ans Freie gewöhnen

Im März ziehen oft schon sehr milde Tage ins Land. Falls möglich, tut den Kräutern im Topf dann ein Aufenthalt im Freien gut. Ein Frühbeet ermöglicht es, die Kräuter früher aus dem Winterquartier zu holen.

Das Wichtigste, das die Pflanzen zum Leben brauchen, das Licht also, bekommen sie gratis von der Sonne. Aus diesem Grunde sollten Küchenkräuter auch im Winter im Haus ins rechte Licht gerückt werden.

8 Auf der Fensterbank

9 Minigewächshausaufsätze

Mobile Minigewächshausaufsätze schützen auch im Beet den Austrieb von empfindlichen Käutern im Frühjahr vor den letzten Frösten und sehen auch noch dekorativ aus.

NEUE LEBENSGEISTER WECKEN

Im Haus überwinterte Kräuter sehen nach einer langen Winterzeit meist ziemlich mitgenommen aus. Immerhin mussten sie die kalten Tage in mehr oder weniger düsteren Räumen überstehen. Wenn der Frühling ins Land zieht, kommt aber schnell wieder Leben in die Pflanzen, wenn sie ans Sonnenlicht kommen, zurückgeschnitten werden und wieder neu austreiben.

Schädlinge bekämpfen

TIPP

» Gegen Schneckenbefall im Kräuterbeet helfen Bierfallen, die die Schädlinge durch den Geruch von Bier in die tödliche Falle locken. Einfach Plastikbecher bis zum Rand in der Erde eingraben und mit Bier füllen. «

Schädlinge bekämpfen

Kräuter sind nur dann in der Küche zu verwenden, ob frisch oder getrocknet, wenn sie nicht mit Insektiziden behandelt werden müssen. Doch leider nehmen Blattläuse, Mehltau und Co. keine Rücksicht darauf.

Schäden an Pflanzen entstehen häufig durch den Befall mit Krankheiten oder Schädlingen. In vielen Fällen sind auch ein ungeeigneter Standort, fehlende Nährstoffe oder Pflegefehler der Grund für spärlichen Blütenwuchs, braune Blätter oder wurmstichige Früchte. Je besser die Wachstumsbedingungen der Pflanzen, desto widerstandsfähiger, schöner und ertragreicher sind sie. Zudem ist gesundes Wachstum die bestmögliche Vorbeugung gegen Krankheiten und Schädlinge.

Auch ohne gleich die chemische Keule zu schwingen, können Sie Krankheiten und Schädlinge bekämpfen. Hilfreich ist das frühzeitige Absammeln von Schädlingen, das deren Vermehrung verhindert und so größeren Schäden vorbeugt. Auch mechanische Maßnahmen wie Schneckenzäune oder Netze und Vliese dienen als Abwehrschild. Biogärtner setzen zudem auf Pflanzenextrakte und natürliche Schädlingsfeinde wie Singvögel oder Marienkäfer. Um einen Schädlingsbefall zu regulieren, sind selbst angesetzte Spritzbrühen aus Wild- und Gartenkräutern hilfreich. Gegen Blattläuse hat sich beispielsweise Brennnesselbrühe bewährt, gegen Rost, Mehltau und Läuse kann Jauche oder Brühe aus Rainfarn helfen. Ein völlig ungefährliches und dennoch wirksames Pflanzenschutzmittel ist Wasser. Wenn Läuse, Spinnmilben oder andere saugende Insekten ein mehrmaliges Absprühen, Abduschen oder Tauchen überstehen, sind immer noch andere Mittel und Methoden möglich. Die Behandlung mit Wasser darf natürlich keine Staunässe verursachen. Sie schadet den Pflanzen mehr als die Schädlinge, die sie befallen haben.

Auch durch geschickte Kombination von Pflanzen können Sie den Schädlingen Ihre Gartenschätze aber zumindest ein wenig verleiden und so auf die chemische Keule verzichten. Ameisen machen erfahrungsgemäß einen großen Bogen um Lavendel, Wermut und Feldsalat. Die Kombination Lavendel mit Duftrose verspricht größte Wirkung, auch bei Blattläusen. Diese meiden auch Dill, Bohnenkraut, Fenchel, Pfefferminze, Kapuzinerkresse und Schnittlauch. Erdflöhe halten Abstand von Katzenminze, Salat, Wermut und blühenden Ginsterzweigen. Der Kohlweißling schätzt weder Beifuß, Dill, Pfefferminze, Rosmarin, Salbei noch Thymian und Tomatenpflanzen. Mit Knoblauch lässt sich Mehltau abhalten. Wenn Sie Glück haben, bleiben damit ebenfalls Schnecken aus, die auch Kapuzinerkresse, Zwiebeln, Salbei, Thymian, Wermut, Ysop und Zwiebeln meiden.

Auf manche Wildkräuter wie beispielsweise die Brennnessel sind bestimmte Insektenarten wie die Raupen des Tagpfauenauges spezialisiert bzw. in ihrer Entwicklung angewiesen.

1 Raupenbefall

2 Schneckenfraß

Auch Kräuter fallen Schnecken zum Opfer, vor allem die jungen, zarten Austriebe der Jungpflanzen. Rosmarin gehört allerdings im Gegensatz z. B. zu Basilikum nicht zur Lieblingsspeise der Plagegeister.

3 Kräuterauszüge spritzen

Verdünnte Jauche oder Auszüge von Kräutern wie etwa von Brennnesseln sind wirksame Hausmittel gegen Blattläuse und Spinnmilben.

QUARANTÄNE FÜR JUNGPFLANZEN

Wenn Sie Pflanzen kaufen, sollten Sie diese nicht gleich in Ihr Kräuterbeet setzen. Stellen Sie den Topf zunächst separat und beobachten Sie die Pflanze. Wenn Sie eine Jungpflanze im Handel kaufen, muss diese nicht zwingend gesund sein. Manchmal sind Pflanzenteile krank oder von Schädlingen befallen. Deshalb sollten Sie frisch gekaufte Pflanzen erst in Quarantäne setzen. Erst wenn Sie sicher sind, darf die neue Pflanze in Ihr Kräuterbeet.

Krankheiten vermeiden

Der passende Platz und eine ausgewogene Nährstoffversorgung tragen wesentlich zur Gesunderhaltung und Abwehr von Krankheiten bei. Gut platzierte und versorgte Pflanzen schützen sich selbst oder setzen ihren Feinden Abwehrkräfte entgegen. Ungünstig stehende oder gemästete Exemplare fallen den Feinden leichter zum Opfer.

TIPP

» Mit einigen Krankheiten und Schädlingen haben Gartenpflanzen immer wieder zu kämpfen. Die wichtigsten Krankheitsbilder lassen sich anhand typischer Symptome und der schädigenden Wirkung auf die betroffenen Pflanzen beschreiben. Pflanzenkrankheiten werden durch Bakterien, Viren oder Pilzbefall verursacht. «

MANGELKRANKHEITEN ERKENNEN UND BEHEBEN

Pflanzen brauchen neben Licht, Luft und Wasser auch verschiedene Nährstoffe zum Leben. Nährstoffmangel zeichnet sich durch deutliche Symptome auf den Blättern ab. Die meisten Kräuterpflanzen gehen nicht aus Mangel an Wasser und Nährstoffen zugrunde, sondern wegen zu reichlicher Gaben. Eine Mangelkrankheit wird oft durch einen Überschuss eines Nährstoffes ausgelöst.

SYMPTOME BEACHTEN

- Achten Sie darauf, dass Ihre Kräuter richtig stehen. So lässt sich beispielsweise ein Mangel an Licht, der an langen dünnen Trieben erkennbar ist, durch das Umstellen bzw. Umpflanzen an einen sonnigen Platz beheben.
- „Viel hilft viel" ist bei der Düngung verkehrt. Besser ist es, zur rechten Zeit die richtige Nährstoffmenge zu geben. Die Düngung mit schnell löslichen Mitteln ist ohnehin nur während der Wachstumszeit im Sommer zu empfehlen.
- Achten Sie auf typische Erkennungszeichen an Ihren Pflanzen. Wenn sie beispielsweise gelbe Blätter bekommen, stimmt etwas mit dem Boden nicht. Prüfen Sie nach, ob sie zu nass stehen oder zu trocken gehalten wurden. Gelbe Blätter werden aber auch durch einen zu hohen Kalkgehalt verursacht.
- Kräuter haben unterschiedliche Nährstoffbedürfnisse. Grundsätzlich gilt, dass organische Langzeitdünger nachhaltig wirken und im Boden gebunden werden. Schnell lösliche mineralische Dünger verursachen leichter Schäden. Sie müssen sparsam dosiert werden.
- Nährstoffe brauchen Wasser, damit sie von den Wurzeln aufgenommen werden. Die Düngung muss immer mit einer ausreichenden Wasserversorgung kombiniert sein.

Mangelkrankheiten gehen meistens vom Boden aus. Gehen Sie der Sache auf den Grund und untersuchen Sie den Zustand der Erde. Topfen Sie Kübelpflanzen aus. Dann ist zu erkennen, ob beispielsweise der Ballen völlig durchwurzelt ist und einen neuen Topf mit frischer Erde braucht oder ob er vernässt oder zu trocken ist.

1 Kontrolle

Die regelmäßige Kontrolle der Kräuter ist die beste Möglichkeit, Krankheiten in einem möglichst frühen Stadium zu erkennen und Gegenmaßnahmen ergreifen zu können.

GESUNDE PFLANZEN

Zu viel Licht, insbesondere eine zu intensive Sonneneinstrahlung, kann Verbrennungen an den Blättern bewirken (z. B. bei Tropenpflanzen). Zu wenig Licht verursacht einen langstieligen Wuchs (z. B. bei Jungpflanzen). Zu hohe Temperaturen lösen Stoffwechselstörungen und Zellschäden aus (z. B. mangels Lüftung im Gewächshaus). Frost kann ebenso eine Zerstörung empfindlicher Pflanzenteile auslösen (z. B. bei Kübelpflanzen).

2 Gesunde Mischkulturen

Die richtige Mischung von verschiedenen Kräutern, Blumen und Gemüsesorten kann dazu beitragen, Krankheiten effektiv vorzubeugen und das Gedeihen gegenseitig zu fördern, auch im Topfgarten auf Balkon und Terrasse.

Ausreichend Abstand zwischen den Kräuterstauden hilft dabei, dass die Luft zirkulieren kann, sie schneller abtrocknen und so weniger Probleme mit Pilzkrankheiten entstehen. Auch ein Überspringen von Krankheiten und Schädlingen ist so schwieriger.

3 Pflanzabstände

TIPP

„Die beste Zeit für die Ernte ist der Vormittag, wenn der Morgentau verdunstet ist und die Pflanzen noch die meisten ätherischen Öle enthalten."

Kräuter ernten

Jedes Kraut hat seinen Zeitpunkt, an dem es sozusagen reif ist. Dann sind die Mengen der enthaltenen Inhaltsstoffe wie ätherische Öle, Aromen, gesundheitsfördernde Substanzen darin am höchsten. Bei vielen Kräutern ist dies zum Zeitpunkt der Blüte bzw. kurz davor der Fall. Einen festen Erntezeitpunkt für jede Pflanze nach dem Kalender anzugeben ist aber schwierig, da das Wetter nicht in jedem Jahr gleich ist.

So kann die Blüte nach einigen warmen Frühlingsmonaten bis zu drei Wochen früher oder während eines kalten, unfreundlichen Frühlings bis zu drei Wochen später zum Vorschein kommen als in einem Jahr mit „normaler" Wetterlage. Hinzu kommt, dass das lokale Kleinklima und die Lage Ihres Gartens das Kräuterwachstum sehr individuell beeinflussen. In milden Niederungen beginnt die Wachstumsperiode viel früher als beispielsweise in den kälteren Mittelgebirgsregionen. Für die Ernte im Garten sollten Sie sich ein kleines scharfes Haushaltsmesser und einen offenen Weidenkorb bereithalten, damit Sie auch einmal schnell zwischendurch leckere Kräuter zum Kochen holen können. Plastiktüten sind nicht geeignet: Darin welken die Kräuter schnell und verlieren wertvolle Inhaltsstoffe. Schneiden Sie mit dem Messer vorsichtig die Pflanzenteile ab, Sie sollten sie nicht abrupfen, dadurch werden die Pflanzen nur unnötig beschädigt, was eine spätere Ernte verringern kann. Härtere oder verholzte Zweige wie bei Thymian, Rosmarin oder Salbei schneiden Sie am besten mit einer Schere oder einer scharfen Gartenschere ab. Falls es möglich ist, sollten Sie die Kräuter ernten, wenn sie sauber sind, es also am Vortag geregnet hat. Die Pflanzen enthalten darüber hinaus die meisten ätherischen Öle am Vormittag, wenn der Morgentau gerade verdunstet ist.

1 An Sonnentagen ernten

Es sollte nur an Sonnentagen geerntet werden – idealerweise dann, wenn es am Tag vorher geregnet hat und die Pflanzen „gewaschen" sind.

Die günstigste Zeit zum Ernten ist im Frühjahr und im Sommer. Die meisten Kräuter sollten Sie ernten, wenn sie frisch sprießen und die zarten Triebe noch voller Energie und nicht zu holzig sind.

2 Zarte Triebe

SÄMEREIEN ERNTEN

Kräuter wie z. B. Kümmel, Koriander, Anis, bei denen die Sämereien geerntet werden, sollten Sie zeitig am Morgen ernten, wenn die Früchte noch vom Tau feucht sind – dadurch wird der Ertrag größer, weil die Samen noch nicht ausfallen konnten. Schneiden Sie den Fruchtstand mit ausreichend langem Stiel ab, achten Sie sorgfältig darauf, dass dabei möglichst wenige Samenkörnchen verloren gehen. Legen Sie hierzu ein Baumwolltuch in den Erntekorb.

Bei manchen Kräutern müssen Sie jedoch warten, bis sie in voller Blüte stehen. In manchen Fällen wie z. B. bei der Kamille sind es die Blüten, in denen sich die wertvollen Wirkstoffe sammeln.

3 Blüte abwarten

4 Durchgehend ernten

Andere Kräuter hingegen können während der gesamten Wachstumsperiode gesammelt werden, wie z. B. der Schnittlauch.

Sammeln Sie Ihre Kräuter selbst, haben Sie die Gewissheit, dass die Gewächse nicht mit Pflanzenschutzmitteln behandelt worden sind. Sie kennen den Fundort und wissen, dass die Kräuter garantiert frisch und damit natürlich auch länger haltbar sind als vom Händler.

5 Kräuter sammeln

7 Den Blick offen halten

Wer einmal Geschmack an den vielfältigen Gaumenfreuden der Kräuter gefunden hat, sollte auch die ihn umgebende Natur mit ganz anderen Augen betrachten.

6 Apotheke aus der Natur

Im Frühjahr und Sommer wird der Blick des Kräuterfans bei jedem Spaziergang vom Weg abweichen und in den Wiesen nach Gewächsen aus dem Gewürz- und Apothekerschrank von Mutter Natur Ausschau halten.

SCHON GEWUSST?

Der Geschmack der Wildkräuter ist meist intensiver und herber als der ihrer gezüchteten Verwandten. Zudem enthalten die ursprünglichen Wilden im Gegensatz zu den „zahmen" Gartenkräutern in der Regel mehr der wertvollen Inhaltsstoffe, die ihre Würze und ihre gesundheitsfördernde Wirkung ausmachen.

Ernte und Verarbeitung

Deutscher Name	Erntezeit				Konservierungsart
	Blatt/Kraut	*Blüte*	*Frucht*	*Wurzel/Knolle*	
Anis			VIII		trocknen
Bärlauch	IV-V				einfrieren
Basilikum	VI-VIII				einfrieren, kaum nötig durch Verfügbarkeit
Beifuß	VII-IX				trocknen
Beinwell	V-X			V-X	trocknen
Bergbohnenkraut	VII-VIII				trocknen
Bohnenkraut	VII-X				trocknen
Borretsch	VI-X				trocknen
Brennnessel	V-VII				trocknen
Brunnenkresse	IV-IX				keine Konservierung möglich
Dill	VI-X		VIII		Kraut trocknen u. einfrieren, Korn trocknen
Dost (wilder Majoran)	VII-I				trocknen
Eberraute	VII-VIII				trocknen
Estragon	VI-X				trocknen, einfrieren
Fenchel	V-X		VIII-X		Kraut trocknen u. einfrieren, Korn trocknen
Gundelrebe	IV-VI				trocknen
Gänseblümchen	IV-X	IV-X			zur Konservierung nicht zu empfehlen
Großer Wiesen-knopf	V-VIII				einfrieren
Johanniskraut	VI-VII mit Blüte				trocknen
Kamille		VI-VIII			trocknen
Kapuzinerkresse		VI-IX	VII-X		Knospen und unreife Samen einlegen
Kerbel	VII-IX				einfrieren
Knoblauch				VIII-X	trocknen
Koriander	V		VIII		trocknen
Kresse	Blätter ca. 3 Wochen nach Aussaat fast das ganze Jahr über				zur Konservierung nicht zu empfehlen
Kümmel			VI-VII		trocknen
Lorbeer	das ganze Jahr über				trocknen
Lavendel		VI-VIII			trocknen
Liebstöckel	VI-VII				trocknen, einfrieren
Löffelkraut	IV-XI				zur Konservierung nicht zu empfehlen
Löwenzahn	IV-VI				zur Konservierung nicht zu empfehlen

Majoran	VI-IX	VI-IX			trocknen
Meerrettich				(VI-IX) X-XI	zur Konservierung nicht zu empfehlen
Melisse	VI-VIII				trocknen
Paprika (Chili)			VIII-X		trocknen
Petersilie	V-IX			V-IX	einfrieren
Pfefferminze	V-IX				trocknen
Pimpinelle	V-VIII				einfrieren
Portulak	Blätter ca. 4 Wochen nach der Aussaat, nicht blühen lassen				zur Konservierung nicht zu empfehlen
Quendel (wilder Thymian)	VI-VIII				trocknen
Ringelblume		VI-X			trocknen
Rosmarin	V-XI				trocknen
Salbei	V-XI				trocknen
Sauerampfer	IV-VII				zur Konservierung nicht zu empfehlen
Schafgarbe	VI-VIII				zur Konservierung nicht zu empfehlen
Schnittlauch	V-XI				einfrieren
Schnittsellerie	Blätter während der gesamten Wachs-tumsperiode				einfrieren, trocknen
Senf			VII-VIII		trocknen
Spitzwegerich	V-VIII				trocknen
Thymian	VI-IX				trocknen
Tripmadam	V-X				zur Konservierung nicht zu empfehlen
Veilchen			III-V		trocknen
Waldmeister	IV-V				trocknen
Weinraute	Blätter während der gesamten Wachs-tumsperiode				zur Konservierung nicht zu empfehlen
Wermut	VI-IX				zur Konservierung nicht zu empfehlen
Ysop	VI-VIII				zur Konservierung nicht zu empfehlen
Zwiebel				VII-X	kühl und trocken lagern

Konservieren und lagern

Konservieren und lagern

Es gibt verschiedene Wege, wie Sie sich den Geschmack und die Heilkräfte Ihrer Kräuterernte möglichst lange bewahren können. Die klassische Methode ist das Trocknen, daneben gibt es heute noch die sehr effektive Möglichkeit, sie einzufrieren. Als Medizin werden Kräuter darüber hinaus in Salben und Tinkturen haltbar gemacht, in der Küche als Öl oder Essig.

KRÄUTER TROCKNEN

Rosmarin, Minze, Thymian oder Lavendel werden nach der Ernte zu lockeren Sträußen zusammengebunden, jedes Kraut für sich. Hängen Sie die Sträuße an einem luftigen Ort ohne direkte Sonneneinstrahlung zur Trocknung auf. Gute Luftzirkulation ist dabei besonders wichtig, nicht isolierte Dachböden sind ideal. Dekorativ sieht es auch im Zimmer aus, wenn ausreichend gelüftet wird. Sie können sich dann den ganzen Tag an den hübschen Sträußen und derem Duft erfreuen. Wenn die Blätter an den Zweigen deutlich knistern, ist die Zeit reif, die getrockneten Zweige vom Dachboden zu holen. Streifen Sie nun die Blätter von den Zweigen und füllen Sie sie in eine gut schließende Dose oder in ein Twist-off-Glas. Vergewissern Sie sich aber vorher, dass keine faulen oder von Schimmel befallenen Stellen darunter sind. In einem schönen Glas sind sie ein hübscher Blickfang in jeder Küche.

BLÄTTER TROCKNEN

Für die Trocknung von Blättern benötigen Sie einen Rost aus Holz oder Draht. Darauf breiten Sie Küchenkrepppapier oder ein Baumwolltuch aus. Legen Sie die Blätter locker darauf. Wichtig: Sie dürfen sich möglichst nicht berühren bzw. überlagern, sonst dauert die Trocknung länger und die Blätter können faulen oder schimmeln. Damit Schimmel von vornherein vermieden wird, sollten Sie die Ernte mehrfach, am besten zweimal wöchentlich, wenden. Der ideale Platz für die Trocknung ist auch hier wieder ein luftiger Platz ohne Sonneneinstrahlung oder ein nicht isolierter Dachboden. Haben Sie keinen passenden Raum zum Trocknen Ihrer Kräuter, können Sie diese auch in einem elektrischen Dörrgerät trocknen, wenn es auf eine niedrige Temperatur eingestellt ist.

BLÜTEN TROCKNEN

Für Blüten eignet sich ebenso wie bei Blättern der Rost am besten zur Trocknung. Wie die Blätter werden die Blüten auf dem Rost ausgebreitet. Die zarten Blüten der Kräuter sind aber besonders empfindlich, deswegen sollten Sie darauf achten, dass sie einzeln liegen und sich nicht berühren, sonst droht Schimmelgefahr und damit wären die wertvollen Blüten verloren. An einem mäßig warmen und luftigen Ort gelingt die Trocknung am besten.

TIPP

» Damit Kräuter und Wurzeln, die zum Trocknen aufgehängt werden, nicht verstauben, können Sie ein dünnes, grobmaschiges Leinentuch locker darumbinden. Achten Sie darauf, dass zu den Wänden mindestens 50 cm Abstand besteht. «

Anis sollten Sie locker gebündelt an einem luftigen, schattigen und trockenen Platz aufhängen. Legen Sie eine Plane darunter, um die herausfallenden Samenkörnchen leicht einsammeln zu können.

1 Anis trocknen

DIE RICHTIGE MENGE

Man sollte es mit der Vorratshaltung nicht übertreiben, deswegen gilt: Grundsätzlich sollte nie mehr als ein Jahresvorrat gesammelt und aufbewahrt werden, da die Kräuter mit der Zeit ihr Aroma und ihre Wirksamkeit verlieren. Die neue Ernte kommt bestimmt und dann gibt es wieder frischen Nachschub. Damit sich keine Restmengen ansammeln und Sie tatsächlich nur die Kräuter vom letzten Jahr verwenden, sollten Sie alle Gläser und Vorratsdosen mit Erntedatum und Inhaltsangabe beschriften – dann besteht auch keine Verwechslungsgefahr.

Kräuter werden zum Trocknen zu lockeren Bündeln gebunden und in der vollen Sonne getrocknet. Damit der Schimmelbildung vorgebeugt wird, müssen Sie auch hier mehrfach wenden.

2 Kräuterbündel trocknen

3 Fenchel trocknen

Fenchel wie auch Kümmel sollte auf einem Rost, der mit Tüchern ausgelegt wurde, an einem schattigen, luftigen und nicht zu warmen Ort trocknen.

Kräuter verbreiten nicht nur herrliche Düfte, sie nehmen auch Geruchsstoffe aus der Umgebung an. Deswegen sollte jedes Kraut für sich in einem Extra-Behälter aufbewahrt werden, Ausnahme: speziell zusammengestellte Kräutermischungen.

4 Separat lagern

5 Dekorative Gläser

Füllen Sie das Trockengut locker in gut schließende Dosen oder Twist-off-Gläser. In der Küche hübsch arrangiert, sind die trockenen Kräuter im Glas eine echte Augenweide.

6 Knistertest

Zur Überprüfung, ob die Blüten ausreichend getrocknet sind, können Sie den „Knistertest" anwenden. Nach einer genaueren Sichtung auf Fäulnis oder Schimmelbefall während der Trocknung können Sie die Blüten und Blätter in dekorative Leinenbeutel oder Gläser füllen.

SCHON GEWUSST?
Waschen Sie die Kräuter vor dem Trocknen nicht, sonst besteht erhöhte Gefahr, dass sie schimmeln oder verfaulen.

7 Dunkel aufbewahren

Helle Gläser zur Aufbewahrung Ihrer Kräuterschätze sehen zwar hübsch aus, doch die Wirkstoffe verändern sich durch Lichteinfall. Aus diesem Grund sollten Kräuter in durchsichtigen Gläsern im geschlossenen, dunklen Schrank aufbewahrt werden.

Leider eignen sich nicht alle Kräuter zum Trocknen, denn manche haben danach ihr schönes Aroma verloren. Die Alternative heißt: einfrieren. So können Sie leicht in einer Kräutersuppe Kräuterwürfel verarbeiten.

8 Kräuterwürfel

9 Kräuter einfrieren

Am besten eignen sich zum Einfrieren als Kräutereiswürfel saftige Kräuter wie zum Beispiel Minze, Dill, Petersilie, Estragon, Majoran, Schnittsellerie und Sauerampfer.

KRÄUTER EINFRIEREN

1. Hacken Sie die vorgesehenen Kräuter klein und füllen Sie sie in einen Eiswürfelbereiter.

2. Füllen Sie nun in jedes Würfelfach auf die Kräuter etwas Wasser, bis diese bedeckt sind.

3. Stellen Sie die Eiswürfelformen in das Gefrierfach.

4. Sind die Kräutereiswürfel fertig, brechen Sie sie aus den Formen heraus. Geben Sie sie in eine beschriftete Tüte.

WICHTIG

Verarbeiten Sie getrocknete Kräuter nur an trockenen Tagen, da ansonsten zu viel der Luftfeuchtigkeit mit ins Glas gelangt. Das kann zum Verderben der Kräuter führen.

↓ In Plastikbeuteln gekaufte, getrocknete Kräuter sollten direkt in dunkle Gläser bzw. glasierte Ton- oder Steingutgefäße gefüllt werden.

10 Keine Plastikbeutel

12 Beschriftung der Gläser

↑ Damit Sie Ihren Kräutervorrat jederzeit griffbereit haben, ist neben der richtigen Lagerung auch eine entsprechende Beschriftung notwendig, sonst verlieren Sie schnell den Überblick.

11 Kräutersträuße

↑ Sträuße mit frischen Kräutern sehen hübsch auf der Fensterbank aus, doch in der Küche sollten Sie diese Pflanzen nicht mehr verwenden. Es scheint verlockend praktisch, sich den Vorrat für eine Woche zu pflücken und nur eine Armlänge entfernt griffbereit zu haben, doch wenn Ihnen frische Kräuter zur Verfügung stehen, sollten Sie diese erst kurz vor der Verwendung pflücken.

SCHON GEWUSST?

Ein Griff in den Schrank und schon haben Sie das passende Kraut parat, das ist der Idealzustand für jeden Gourmetkoch und alle, die auf die sanfte Hilfe aus der Natur vertrauen. Genauso wichtig wie die sorgsame Trocknung der Kräuter ist auch deren richtige Aufbewahrung.

13 Johanniskrautöl

Die vielfältige Heilwirkung von Johanniskrautöl ist legendär: zum Einreiben, in Salben bei Muskelschmerzen und leichten Verbrennungen sowie innerlich zur Regulierung des Verdauungsapparats.

Essig bietet sich zum Aromatisieren mit Kräutern an. Hierzu einfach einige Zweige des Küchenkrauts in Weißweinessig zwei Wochen an einem hellen, sonnigen Ort durchziehen lassen. Der Essig eignet sich vor allem zu Salatdressings.

14 Essig/Öl aromatisieren

15 Calendulacreme und -seife

Auch zur Herstellung von einfachen, zart duftenden Pflegeprodukten kann man die heilkräftigen, getrockneten Ringelblumenblüten hervorragend verarbeiten.

WURZELN TROCKNEN

Der beste Ort, Wurzeln zu trocknen, ist der nicht abgedichtete Dachboden. Wurzeln werden vor der Trocknung gewaschen, der Länge nach in vier Teile geschnitten. Dann mit einer Nadel auf einen Faden aufziehen, wobei sie sich aber nicht berühren sollten. Sind die Wurzeln trocken, müssen Sie sie klein schneiden und nochmals auf dem Rost oder im Backofen bei niedriger Temperatur vollständig trocknen. Anschließend werden die Wurzeln in gut schließende Gläser gefüllt und verschlossen.

HEIL- UND KÜCHENKRÄUTER VON A-Z

Baldrian

Die ausdauernde Heilpflanze wird auch als Katzenkraut bezeichnet und kann eine Höhe von 1,50 m erreichen. Die Blüten der ausdauernden Pflanze sind weißlich bis rosafarben und sind von Mai bis August zu sehen. Die Blätter sind groß und gefiedert, der Stängel innen hohl und aufrecht stehend.

Jungpflanzen im Topf gibt es in der Gärtnerei zu kaufen. Die Pflanze kann aber auch im April direkt ausgesät werden. Baldrian wächst am besten auf feuchten Böden an halbschattigen bis sonnigen Standorten. Um Baldrian zu vermehren, teilt man Stücke der Wurzel und gräbt diese in einem Abstand von 50 cm in feuchter Erde ein. Beachten Sie bei Aussaat und Beetpflege, dass die Samen und Jungpflanzen nicht mit zu viel Erde bedeckt werden. Um eine Vermehrung durch Selbstaussaat zu vermeiden und damit die Wirkstoffe in der Wurzel der Pflanze bleiben, entfernen Sie die Blüten regelmäßig. Die Pflanzen nach dem dritten Jahr verjüngen, dazu ausgraben, teilen und wieder einsetzen. Eine besondere Heilwirkung geht vom Wurzelstock aus. Dazu graben Sie diesen im Spätherbst aus, schneiden ihn in Streifen und trocknen ihn. Hieraus lässt sich ein Aufguss oder ein Kaltauszug zubereiten, er ist schlaffördernd, konzentrationsfördernd, krampflösend und beruhigt bei nervösen Beschwerden.

Bei der Vermehrung wird der Wurzelstock der Pflanze geteilt und kräftige Rhizome wieder in feuchte Erde eingesetzt.

1 Vermehrung

2 Ernte

Nach der Ernte wird die Wurzel in Streifen geschnitten und getrocknet.

Valeriana officinalis

STECKBRIEF

- Sonne/Halbschatten
- mehrjährig
- bis 150 cm
- hoch
- Blüten/Wurzel
- VII–VIII/Wurzel X
- Nicht während der Schwangerschaft und Stillzeit sowie bei Kindern unter 12 Jahren einsetzen. Kann in seltenen Fällen Magen- und Darmstörungen auslösen

Ocimum basilicum

Basilikum

Die Pflanze mit den – je nach Sorte – hellgrünen bis dunkelvioletten Blättern ist einjährig und erreicht eine Höhe von ca. 15–60 cm. Das als Heilpflanze verwendete Kraut wirkt unter anderem beruhigend, krampf- und schleimlösend, entzündungshemmend und antibakteriell.

Ursprünglich stammt das wilde Basilikum aus den tropischen Gegenden Afrikas und Asiens. Basilikum gedeiht am besten in sonnigen, geschützten Lagen und benötigt einen nährstoffreichen, möglichst lockeren Boden. Ende April/Anfang Mai ist die beste Zeit, um mit der Samenanzucht zu beginnen. Füllen Sie dazu etwa jeweils acht bis zwölf Samen in einen Topf mit lockerem, nährstoffreichem Substrat. Drücken Sie die Samen mit einem Holzbrettchen gut an und geben Sie kein weiteres Substrat darüber. Stellen Sie die Töpfe dann in ein Gewächshaus oder auf die Fensterbank. Die Temperatur sollte mindestens 20 °C betragen. Nach etwa einer Woche werden die Jungpflanzen in einem Abstand von ca. 25 cm ausgepflanzt. Achten Sie darauf, die Pflanzen vor Staunässe sowie feuchtem, kaltem oder windigem Wetter zu schützen. Vermeiden Sie es außerdem, zu früh einzelne Blätter von Jungpflanzen zu ernten, da es sonst zu Kümmerwuchs kommen kann. Wachstumsfördernd ist hingegen eine Düngung mit Kompost. Basilikum sollte nur bei gutem Wetter geerntet werden, da die Pflanzen sonst langfristige Schäden erleiden können.

Die frostempfindlichen Pflanzen, ob gekauft oder selbst gezogen, sollten erst nach den Eisheiligen Mitte Mai ins Freie gepflanzt werden. Auch nach dem Auspflanzen muss Basilikum vor tiefen Temperaturen geschützt werden.

STECKBRIEF

- Sonne
- einjährig
- bis 60 cm
- hoch
- Blätter
- VI–VIII
- In der Schwangerschaft nicht in größeren Mengen einnehmen. Dauerhafte innerliche Anwendung vermeiden. Vorsicht bei empfindlicher Haut.

Ins Freiland pflanzen

Beinwell

Wie der Name der Pflanze bereits verrät, verwendete man Beinwell schon in der Antike als Heilmittel gegen Knochenbrüche und Gelenksverletzungen. Auch heute noch wird ein Brei aus den getrockneten Wurzeln bei Gelenkbeschwerden eingesetzt. Die frischen Blätter werden als Gemüse zubereitet.

Die mehrjährige Staude, die bis zu 80 cm hoch werden kann, ist in ganz Europa verbreitet. Beinwell hat spitze, behaarte Blätter und trägt von Mai bis Juli rosa bis violette Blüten. In der Heilkunde werden die Wurzeln und Blätter verwendet. Die Pflanze wirkt unter anderem schmerzstillend, wundheilend, entzündungshemmend und blutbildend. In der Schwangerschaft und Stillzeit sowie bei offenen Hautverletzungen sollte er allerdings nicht verwendet werden. Damit er gut gedeiht, benötigt der Beinwell einen feuchten, tiefgründigen und nährstoffreichen Boden und eine halbschattige Lage. Jungpflanzen erhält man in jeder gut sortierten Gärtnerei, Saatgut z. B. im Versandhandel. Alternativ kann man auch Wurzelstücke aus der freien Natur im heimischen Garten einpflanzen. Die richtige Zeit für Aussaat und Vermehrung ist im Frühjahr oder Herbst, Jungpflanzen kommen im Frühjahr ins Beet. Graben Sie die Wurzelstücke ca. 5–10 cm tief in einem Abstand von ca. 40 cm ein. Beinwell benötigt nicht viel Pflege. Wichtig ist es allerdings, stets für ausreichend Bodenfeuchtigkeit zu sorgen.

↓ Beinwell lässt sich gut durch Wurzelstücke vom Spätherbst bis zum Frühjahr vermehren.

1 Aussaat

2 Ernte

↑ Beinwellwurzeln können mit Fett zu einer Salbe verarbeitet werden.

Symphytum

STECKBRIEF

- Halbschatten
- mehrjährig
- 30–80 cm
- mittel–hoch
- Kraut/Wurzel
- V–X
- Während der Schwangerschaft und Stillzeit sowie bei offenen Hautverletzungen meiden. Von Langzeitanwendung ist aufgrund des Risikos für Venenthrombosen abzuraten.

Satureja hortensis

STECKBRIEF

- Sonne
- einjährig
- 20–30 cm
- gering–mittel
- Kraut
- VII–X

Bohnenkraut

Das schmackhafte Gewürzkraut bereichert jede Küche und peppt z. B. Fleischgerichte und Hülsenfrüchte auf. Wer es des Öfteren mit Blähungen oder Magen-Darm-Beschwerden zu tun hat, wird Bohnenkraut auch als Heilpflanze zu schätzen wissen.

Beheimatet ist das Gartenbohnenkraut in Südeuropa und Ostasien. Heute ist es auf der ganzen Welt verbreitet. Bohnenkraut ist einjährig, stammt aus der Familie der Lippenblütler und wird ca. 20–30 cm hoch. Zwischen Juni und September schmückt es den Garten mit weißen, rosa oder violetten Blüten. Ende April/Anfang Mai können Sie die Pflanzen auf Ihrer Fensterbank vorkultivieren. Hierzu ist ein sandiges, nicht gedüngtes Substrat geeignet. Sind die Pflänchen etwa 7 cm groß, können Sie sie in einem Abstand von ca. 10 cm in Schalen einpflanzen. Ab Mitte Mai erhalten sie – im Abstand von 25 cm gepflanzt – einen Platz im Beet. Wählen Sie hierfür einen sonnigen, trockenen Standort. Solange es ausreichend warm ist, ist Bohnenkraut recht pflegeleicht. Selbst mäßige Trockenheit wird gut vertragen. Eine Düngung sollte nicht erfolgen, da die Pflanze an magere Sandböden angepasst ist. Erntezeit ist im Juni oder Juli kurz vor der Blüte. Die Pflanzenteile werden dabei knapp über dem Boden abgeschnitten. Verwenden können Sie die frischen oder getrockneten Blätter sowie die Zweigspitzen.

Der beste Erntezeitpunkt ist kurz vor der Blüte. Es kann aber auch danach geerntet werden.

1 Erntezeitpunkt

2 Trocknen

Aromatisches Bohnenkraut ist über einen Zeitraum von bis zu zwei Jahren haltbar.

Borretsch

In der Küche bereichern die jungen, frischen Blätter des Borretsch Salate, Gemüsegerichte, Quark oder Mayonnaisen. Borretsch regt die Sekrete der Bauchspeicheldrüse an und macht so vor allem fette und schwere Speisen besser verdaulich. Außerdem wirkt er auch vorbeugend gegen Blähungen.

Man erkennt die Pflanzen an ihren grauen, fein behaarten Blättern und Stängeln. In den Sommermonaten trägt er auffallend blaue Blüten. Borretsch gedeiht sowohl im Halbschatten als auch bei voller Sonneneinstrahlung sowie auf fast allen Böden. Ist der Humusanteil des Bodens allerdings zu gering, müssen Sie hin und wieder Kompost beimischen. Ab April werden die Samen direkt im Beet ausgesät. Borretsch gehört zu den Dunkelkeimern, daher müssen Sie darauf achten, die Samen mit ausreichend Erde zu bedecken. Abgesehen davon, dass Sie die Pflanze regelmäßig gießen sollten, benötigt der Borretsch kaum Pflege. Allerdings werden Borretschpflanzen öfter einmal von Mehltau oder Blattläusen befallen, wogegen man mit geeigneten Mitteln vorgehen sollte. Borretsch eignet sich auch gut, um ihn in Zwischenräumen im Gemüsebeet anzusiedeln.

Die ursprüngliche Heimat der einjährigen Pflanze ist Süd- und Mitteleuropa. Für Topfkulturen eignet sich Borretsch weniger, denn seine Wurzeln wachsen kräftig und stark ausgreifend.

Keine Topfkultur

Borago officinalis

STECKBRIEF

- Sonne/Halbschatten
- einjährig
- 40–80 cm
- gering
- Kraut
- VI–X

Anethum graveolens

Dill

Mit einem hohen Gehalt an Vitamin C und Mineralstoffen ist Dill sehr gesund! Außerdem machen die frischen Blätter des jungen Dills auch viele Speisen besser verdaulich. In der Küche verwendet man am besten frischen oder tiefgefrorenen Dill, da beim Trocknen viele Aromastoffe verloren gehen.

Die einjährige Pflanze gelangte ursprünglich vom Orient aus nach Süd- und Mitteleuropa. Sie erreicht eine Höhe von ca. 1,50 m und weist ab Ende Juni zarte Doldenblüten auf. Dill stellt in puncto Substrat keine großen Ansprüche. Der bevorzugte Standort ist sonnig und windgeschützt. Ab April können Sie die Samen im Abstand von ca. 15–20 cm direkt ins Beet aussäen. Bei der Aussaat können Sie großzügig vorgehen: Verteilen Sie dabei ca. 2–3 g Samen pro Quadratmeter Beetfläche und drücken Sie die Samen nur leicht an. Pflanzen Sie immer ausreichend dicht. So ist gewährleistet, dass die unteren Bereiche der Stängel stets im Schatten stehen und so weniger leicht austrocknen können. Daneben eignet sich Dill auch zur Kultivierung in Töpfen und Balkonkästen oder auf der Blumenwiese.

STECKBRIEF

- Sonne
- einjährig
- bis 150 cm
- hoch
- Kraut
- VI–IX

Nach der Aussaat sollten Sie darauf achten, dass der Boden stets ausreichend feucht ist.

1 Aussaat

2 Pflege

Obwohl Dill auf regelmäßiges ausreichendes Gießen zum Gedeihen angewiesen ist, sollte Staunässe vermieden werden.

Frauenmantel

Es gibt über 300 verschiedene Arten der mehrjährigen Rosettenpflanze, wie z. B. den geröteten und den silbernen Frauenmantel. Die verschiedenen Unterarten des Gemeinen Frauenmantels lassen sich äußerlich nur schwer unterscheiden. Die krautige, aber zarte Pflanze wird 10–60 cm hoch.

Frauenmantel ist mehrjährig, wobei er durch seinen starken, verholzten Wurzelstock überwintert. Sein Erkennungsmerkmal sind vor allem die runden Blätter, deren Adern sie in 7–9 Lappen aufteilen. Aus der Mitte der Blätter entspringen Stängel, an denen sich die hellgelben kleinen Blütenrispen entwickeln. Da die Kulturform weitaus weniger wirksame Inhaltsstoffe aufweist, sollte man zur arzneilichen Anwendung nur die wilde Pflanze im Kräutergarten anpflanzen Man erntet die oberirdischen Teile des Krauts mit Blüte und trocknet sie an einem schattigen luftigen Ort. Die Pflanze kann gut aus Samen gezogen werden, lässt sich aber auch leicht durch Teilung vermehren. Sie liebt sonnige bis halbschattige Lagen und einen feuchten, durchlässigen und nährstoffreichen Untergrund. Bei schweren Böden kann man zum Ausgleich Sand untermischen. Frauenmantelsamen sind Frostkeimer, benötigen also tiefe Temperaturen, damit sie keimen. Im Freiland erfolgt die Aussaat Oktober bis Januar. Im Frühjahr dann die Sämlinge auf einen Abstand von 15–20 cm pikieren. Zum besseren Start mit Kompost vordüngen. Nach der Ernte ist eine nochmalige Düngergabe sinnvoll. Frauenmantel kann bei verschiedenen Krankheiten helfen. In der Regel setzt man das getrocknete Kraut ein und kocht daraus einen Tee, den man möglichst ungesüßt oder mit etwas Honig trinkt. Empfohlen werden 3 Tassen pro Tag. Auch bei Halsschmerzen hat sich erwiesen, dass es Linderung verschafft, mit Frauenmantel zu gurgeln oder den Mundraum zu spülen. In der Volksheilkunde sagt man dem Frauenmantel nach, Frauenleiden zu lindern. Als Tee getrunken soll er bei nahezu allen Arten von Frauenbeschwerden helfen.

Sicher und anerkannt ist die Heilwirkung von Frauenmanteltee bei leichtem Durchfall.

Teeanwendung

Alchemilla

STECKBRIEF

- Sonne/Halbschatten
- mehrjährig
- 10–60 cm
- mittel
- Kraut mit Blüten
- V–VIII
- Nicht bei Säuglingen anwenden

Johanniskraut

In der Kräuterheilkunde sind die während der Blütezeit gepflückten leuchtend gelben Blüten, Blätter und Sprossspitzen der Pflanzen vor allem als pflanzliches Antidepressivum bekannt. Man findet sie in der freien Natur z. B. auf mageren Wiesen, an Böschungen oder am Wegesrand.

Charakteristisch sind auch die spitzen kurzen Blätter sowie der verzweigte Wuchs. Johanniskraut ist an nährstoffarme, trockene Böden sowie sonnige Standorte gewöhnt. Sie erhalten Johanniskraut z. B. in gut sortierten Staudengärtnereien oder im Versandhandel. Ab Mitte April wird es angepflanzt. Samen bekommen Sie auch im Gartencenter oder Sie sammeln sie in der freien Natur. Von März bis Mai können Sie die Pflanzen in Anzuchttöpfen oder -kästen vorkultivieren oder die Samen direkt ins Freie aussäen und sie leicht mit Erde bedecken. Halten Sie sie stets mäßig feucht und sorgen Sie besonders in den Sommermonaten für ausreichend Wasser. Die Pflanzen können Sie von Spätsommer bis Herbst in einem Abstand von 30 cm ins Beet auspflanzen. Zwar verträgt die anspruchslose Pflanze ab und an auch ein wenig Trockenheit, doch in langen Trockenzeiten sollten Sie sie gießen. Achten Sie jedoch darauf, dass der Boden dazwischen stets vollständig trocknet. Düngen sollten Sie hingegen nicht, da dies der Pflanze schaden kann.

↓ Beim Zerreiben der Blätter und Blüten geben die ölhaltigen Zellen einen roten Saft ab.

1 Ölhaltige Blüten

2 Charakteristika

↑ Johanniskraut ist europaweit verbreitet und gut zu erkennen an seinen von Ende Juni bis Anfang Oktober sprießenden gelben Blüten.

Hypericum perforatum

STECKBRIEF

- Sonne
- mehrjährig
- 50–120 cm
- gering
- Kraut mit Blüte
- VI–VIII
- Johanniskraut sollte über einen längeren Zeitraum hinweg (ca. 3 Wochen) eingenommen werden. In dieser Zeit ist übermäßige Lichteinwirkung zu meiden.

Matricaria chamomilla

STECKBRIEF

- Sonne
- einjährig
- 40–80 cm
- gering
- Blüten
- VI–VIII
- Kamille wirkt austrocknend, weshalb ihre äußerliche Anwendung bei sehr trockener Haut nicht anzuraten ist. Bei einigen Allergikern kann sie zu Hautreizungen führen. Nie in die Augen gelangen lassen!

Kamille

Als Heilpflanze kennt man die Kamille z. B. in Form von Kamillenblüteninhalationen bei Erkältungskrankheiten und Nasennebenhöhlenentzündungen. Auch der bei Magenverstimmungen und Erkältungsbeschwerden getrunkene Kamillentee ist bekannt.

Die Kamille ist in ganz Europa verbreitet und gehört zur Familie der Korbblütler. Zwischen Mai und Oktober zeigen sich die weißen Blüten der Pflanze. Im Freien findet man die einjährigen Pflanzen oft an Acker- und Wegrändern oder auf Schuttplätzen. Ein durchlässiger Boden sowie ein sonniger Standort bieten beste Voraussetzungen für ein gutes Wachstum. Man sät die Samen im Frühjahr in wenige Millimeter tiefe Rillen im Beet. Sie werden dabei nicht mit Erde bedeckt, da die Kamille zu den Lichtkeimern gehört. Vermehrt werden kann sie durch Selbstaussaat. Die recht anspruchslose Pflanze benötigt nicht viel Pflege. Noch nicht einmal gedüngt werden muss sie. Die Erntezeit für die Kamillenblüten liegt zwischen Mai und Oktober. Kamille wirkt unter anderem krampflösend, antibakteriell und entzündungshemmend. Äußerlich wird kalter Kamillentee bei Hautentzündungen angewendet.

Die geernteten Blüten werden bei höchstens 35 °C im Schatten getrocknet.

1 Blüten trocknen

2 Kamillentee

Neben Trinkkuren eignet sich Kamillentee auch zum Gurgeln bei Entzündungen der Mund- und Rachenschleimhäute.

Kerbel

Nicht nur Salate, Suppen, Grill- und Fischgerichte oder Kräuterbutter profitieren von der Würze des Kerbels, auch Ihrer Gesundheit können Sie mit der vielseitigen Pflanze etwas Gutes tun. So wirkt Kerbel z. B. verdauungsfördernd und harntreibend.

Die Heimat der Ursprungsform des Kerbels liegt in Westasien und Südosteuropa. In seiner Kulturform kommt er heute nahezu europaweit vor. Die einjährige Pflanze erreicht eine Höhe von ungefähr 30–60 cm. Sie trägt hellgrüne Blätter und die Sommermonate ab Mai über Doldenblüten. Kerbel stellt keine besonderen Ansprüche an seinen Standort und ist unempfindlich gegenüber Kälte, sollte jedoch keinem Wind oder Trockenheit ausgesetzt sein. Die Samen können Sie Ende März direkt im Freiland aussäen. Sollten die Pflanzen zu dicht und ausgreifend wachsen, sollten Sie sie in einem Abstand von ca. 10 cm vereinzeln. Kerbel ist recht widerstandsfähig und muss zu seiner Pflege lediglich regelmäßig Wasser bekommen.

Bereits ab Anfang März können Sie ihn auf der Fensterbank ziehen. Hierzu die Samen in einem Abstand von ca. 20 cm flach in die Erde säen.

1 Aussat

2 Ernte

Etwa vier bis sechs Wochen nach der Aussaat können Sie Kerbel ernten. Kerbel schmeckt frisch und getrocknet und lässt sich auch gut einfrieren.

Anthriscus cerefolium

STECKBRIEF

- Sonne/Halbschatten
- einjährig
- 30–60 cm
- mittel
- Kraut
- VII–IX

Allium sativum

STECKBRIEF

- Sonne/Halbschatten
- mehrjährig
- bis 90 cm
- gering
- Knolle
- VIII–X

Knoblauch

Die ursprünglich aus Asien stammende Pflanze hat sich im Lauf der Zeit auch hierzulande einen festen Platz unter den Küchenzutaten gesichert. Vor allem die mediterrane Küche erfreut sich seines intensiven Aromas. Noch dazu wird er aufgrund seiner vielen gesundheitlichen Wirkungen geschätzt.

Knoblauch ist ein ca. 30–90 cm hoch werdendes Liliengewächs. Er weist lange Blätter und einen runden Blütenstand mit weißen bis rosa Blüten auf. An der Hauptknolle bilden sich im Laufe des Jahres 10 bis 20 neue Zehen. Die Pflanze benötigt einen lockeren, nährstoffreichen Boden, wo sie sich selbst im Halbschatten wohlfühlt. Anpflanzen können Sie Knoblauch bereits im April. Hierzu stecken Sie die Brutzwiebeln in einem Abstand von ca. 20 cm etwa 5 cm tief in den Boden.

Beim Setzen der Zehen sollten Sie darauf achten, dass die Spitze nach oben zeigt.

1 Einsetzen

2 Pflegemaßnahme

Der Knoblauch liebt es, wenn der Boden um ihn herum offen ist. Hierzu sollten Sie in regelmäßigen Abstanden die Bodenkrume zwischen den angepflanzten Reihen auflockern.

PFLEGE UND ERNTE

Wichtig ist es, den Boden ausreichend locker und feucht zu halten. Staunässe sollten Sie jedoch unbedingt vermeiden. Bei Bedarf können Sie mit Humus düngen. Knoblauch ist nicht ganz winterhart. Daher sollten Sie das Beet in der kalten Jahreszeit mit Reisig und Stroh abdecken. Eine Alternative ist es, die Brutzwiebeln, nachdem einzelne Blütenstände ausgereift sind, zu ernten und sie im Frühjahr nur auszupflanzen. Im Herbst wird der Knoblauch geerntet. Dazu heben Sie die Knolle einfach vorsichtig mit einer Grabeforke aus. Anschließend können Sie den Knoblauch säubern und ihn an der Luft trocknen lassen. Auf diese Weise hält er sich mehrere Monate. Knoblauch wirkt unter anderem immunstärkend, antibiotisch, blutdrucksenkend und durchblutungsfördernd. Wer seiner Gesundheit etwas Gutes tun will, sollte täglich zwei bis drei frisch gepresste Knoblauchzehen essen.

3 Austrieb

Aus jeder Spitze der einzelnen Zehen der Knolle aus dem Vorjahr erfolgt im Frühjahr der neue Austrieb.

Knoblauch bei trockenem Wetter ernten und dabei die gesamte Knolle aus dem Boden ziehen, grob reinigen und auf dem Beet antrocknen lassen.

4 Ernte

5 Trocknen

Knoblauch kann zu Zöpfen zusammengeflochten werden und sollte kühl und trocken aufbewahrt werden.

Koriander

Coriandrum sativum

Das aromatische Küchenkraut ist beliebt als Gewürz zum Einmachen und Braten und hat auch für die Gesundheit einiges zu bieten. So wirken seine ätherischen Öle blähungslindernd und lindern in Teemischungen Magen-Darm-Beschwerden wie z. B. Durchfall, Völlegefühl oder leichte Verdauungskrämpfe.

Der Stängel des 30–70 cm hoch wachsenden Doldenblütlers ist gerillt und verzweigt. Die Blätter sind ein- bis zweifach und fächerförmig gefiedert. Von Juni bis August trägt die einjährige Pflanze weiße bis blassrote Blütendolden. Im August und September entwickeln sich die kugeligen Früchte. Als Standort benötigt der Koriander eine warme, sonnige und geschützte Lage und einen lockeren, kalkhaltigen Boden. Im April können Sie die Samen mit einem Reihenabstand von 30 cm ca. 1 cm tief direkt im Beet aussäen. Vereinzeln Sie die Pflanzen nach dem Keimen auf ca. 15 cm. Wichtig ist es, den Boden regelmäßig aufzulockern.

Bedecken Sie die Samen mit Erde und vereinzeln Sie die Pflanzen nach dem Keimen auf ca. 15 cm.

1 Aussaat

2 Ernten

Färben sich die Samen im Sommer langsam braun, schneiden Sie die Dolden ab und hängen Sie sie, zu Sträußen gebunden, zum Trocknen auf. Sind sie getrocknet, schütteln Sie sie aus und fangen Sie die reifen Samen mit einem Tuch auf.

STECKBRIEF

- Sonne
- einjährig
- 30–70 cm
- gering
- Kraut/Frucht
- V/Frucht VIII

Carum carvi

Kümmel

Der Samen des zwei- oder mehrjährigen Doldenblütlers wird in der Küche zum Würzen von Fleisch- oder Gemüsegerichten verwendet. In Form von Kümmelschnaps oder -tee ist er verdauungsfördernd und harntreibend, ferner lindert er Krämpfe und Blähungen.

Kümmel liebt einen sonnigen Standort und nährstoffreiche, tiefgründige, kalkhaltige und feuchte Böden. Allerdings sollte Staunässe vermieden werden. Vor der Saat empfiehlt sich eine Bodenvorbereitung mit Kompost. Ab April bzw. Mai werden die Samen in Reihen mit einem Abstand von 30 cm dünn ausgesät. Die Samen dabei nur mit wenig Erde bedecken. Sind die Keimlinge etwa 5 cm hoch, werden sie auf 15 bis 20 cm ausgedünnt. Der Stängel wächst aufrecht und bildet sich erst im zweiten Jahr nach der Aussaat. Im ersten Jahr zeigt sich nur eine Blattrosette. Die Pflanze kann bis zu 1 m hoch werden und hat gefiederte Blätter. Im zweiten Jahr bilden sich im Mai und im Juni Dolden mit weißen oder rötlichen Blüten. Die Früchte reifen von Juni bis August. Mit Ausnahme von regelmäßigem Lockern des Bodens und mäßigem Gießen hat Kümmel keine besonderen Ansprüche. Im ersten Jahr kann man einige junge Blätter pflücken und damit Salate und Suppen würzen. Im zweiten Jahr können die Samendolden geerntet werden, sobald sie sich bräunlich färben.

STECKBRIEF

- Sonne
- zweijährig
- bis 100 cm
- gering–mittel
- Frucht/Wurzel
- VI–VII

Sobald sich die Samendolden braun färben, können sie geerntet werden.

1 Ernten

2 Trocknen

Die trockenen Samendolden werden abgeschnitten, gebündelt und an einem schattigen, luftigen Ort getrocknet. Anschließend die Samen auf ein Tuch oder Papier ausschütteln.

Lavendel

Der aus dem Mittelmeerraum stammende Lavendel blüht im Hochsommer, von Juni bis August, und wird 30–60 cm hoch. Der immergrüne, winterharte Strauch trägt zahlreiche recht steife Stiele, die an der Basis verholzt sind. Schon bei leichter Berührung der Blüten und Blätter verströmt der Lavendel sein intensiv duftendes Aroma.

Der Lippenblütler ist auf sonnige, warme Standorte spezialisiert und kann Trockenheit vertragen. Wenn der Untergrund locker und tiefgründig ist, stellt die genügsame Pflanze keine Ansprüche an den Nährstoffgehalt des Bodens. Ideal ist die Pflanze deshalb in Steingärten oder neben der Terrasse. Lavendel wird im Frühjahr nach den letzten Frösten mit einem Abstand von 40 cm gepflanzt. Er benötigt wenig Wasser und freut sich über gelegentliche Gaben von Kalkdünger. In frostgefährdeten Regionen sollte Lavendel im Winter mit Fichtenreisig abgedeckt werden. Die Pflanze lässt sich gut durch Stecklinge vermehren. Lavendelstöcke werden bis zu 30 Jahre alt. Erntezeit für Kraut und Blüten ist von Juni bis August. Kurz vor dem völligen Aufblühen werden die Blüten mit einem Teil des Stiels frühmorgens abgeschnitten, denn dann ist der Gehalt an ätherischem Öl am höchsten. Sie werden 1–2 Tage lang getrocknet, wozu man sie am besten kopfüber an einem luftigen, schattigen Ort aufhängt. Die getrocknete Pflanze lässt sich ebenso verwenden wie aus den frischen Blüten hergestellte Produkte.

Ältere, verholzte Pflanzen können direkt nach der Blüte auf die Hälfte bzw. ein Drittel zurückgeschnitten werden.

Blütenernte und kräftiger Rückschnitt

Lavandula angustifolia

STECKBRIEF

- Sonne
- mehrjährig
- 30–60 cm
- gering
- Blüte
- VI–VIII
- Nicht während der Schwangerschaft und bei Insulinabhängigkeit verwenden.

Levisticum officinale

Liebstöckel

Liebstöckel wanderte im Mittelalter über Italien nach Mitteleuropa ein. Bekannt wurde es als Suppengewürz. Der ausdauernde Doldenblütler kann bei guten Bodenverhältnissen eine Wuchshöhe über 1,5 m erreichen. Er wirkt als Heilpflanze beruhigend, blähungs- und harntreibend sowie krampflösend.

Liebstöckel bevorzugt lehmige, nährstoffhaltige Böden und einen sonnigen, warmen Standort. Die Gewürzpflanze kann im Frühjahr in Töpfen ausgesät werden und sollte dann an einem warmen Standort keinem. Ab den Eisheiligen Mitte Mai können die Jungpflanzen dann ins Freie. Liebstöckel lässt sich allerdings auch gut durch Teilung vermehren. Die Pflanze ist charakterisiert durch einen aufrechten röhrenförmigen Stängel, gezackte, an der Unterseite glänzende Blätter und gelbe Doldenblüten (Juli bis August). Beachten Sie bei der Pflege, dass die Pflanze ausreichend Wasser bekommt, ansonsten ist die widerstandsfähige Pflanze nicht besonders pflegeintensiv. Bei Trockenphasen neigen die Blätter zum Gelbwerden. Ab und an etwas Kompost unterstützt die wüchsige Pflanze mit Nährstoffen. Aufgrund seiner Größe ist Liebstöckel nicht für den Anbau in Balkonkästen oder Töpfen geeignet. Liebstöckel kann die gesamte Vegetationszeit über geerntet werden.

Als Gewürz die jungen Blätter verwenden, aber Vorsicht, sparsam dosieren. Getrocknet lässt sich das Kraut konservieren, jedoch verliert es nach einiger Zeit an Geschmack.

STECKBRIEF

- Sonne/Halbschatten
- mehrjährig
- bis 180 cm
- mittel–hoch
- Kraut
- VI–VII
- Schwangere und Nierenkranke sollten auf Liebstöckel verzichten. Auch bei Fieber ist er zu meiden. Bei längerer Verwendung kann er zu einer erhöhten Lichtempfindlichkeit führen.

Konservierung und Lagerung

Majoran

Majoran ist die kultivierte Form des wilden Oregano und kommt ursprünglich aus Kleinasien, weshalb einige Arten nicht winterhart sind. Majoran kann frisch und getrocknet als Gewürz eingesetzt werden. Seine heilende Wirkung fördert die Nierentätigkeit sowie die Fettverdauung und löst Krämpfe.

Die Pflanze wird bis zu 30 cm hoch und wächst buschig. Zwischen Juli und Oktober erscheinen winzige weiß- bis rosafarbene Blüten an den Zweigenden. Majoran bevorzugt lockere, kalkhaltige Böden und einen sonnigen, warmen Platz im Kräuterbeet. Ab März kann man die Samen an einem sonnigen Fenster aussäen und vorziehen. Da Majoran ein Lichtkeimer ist, die Samen bitte nur leicht andrücken und nicht mit Substrat bedecken. Wenn die ersten zarten Blätter aus den Keimblättern erscheinen, können die Sämlinge zu je vier Pflanzen mit einem Pflanzabstand von 5 cm pikiert werden. Im Mai die jungen Pflanzen ins Kräuterbeet im Freien pflanzen. Allerdings kann Majoran auch ab Mitte Mai bis Anfang Juni direkt ins Freie ausgesät werden. Eine Startdüngung mit Kompost nach dem Auspflanzen ist hilfreich. Gelegentliche Düngung führt zu einem kräftigen Wachstum. Der filzige Bewuchs der Blätter deutet zwar auf eine Anpassung an gelegentliche Trockenheit hin, jedoch regelmäßig gießen.

In der Regel werden Jungpflanzen aus einer Gärtnerei gekauft und ausgepflanzt.

1 Ins Freie pflanzen

2 Ernte

Majoranblätter laufend frisch ernten, zum Trocknen ist eine Ernte vor Beginn der Blüte anzuraten. Für neuerlichen Austrieb und eine kompakte Form ist ein Rückschnitt sinnvoll.

Origanum majorana

STECKBRIEF

- Sonne
- mehrjährig
- 20–30 cm
- gering–mittel
- Blüten/Kraut
- VI–IX

Melissa officinalis

STECKBRIEF

- Sonne
- mehrjährig
- 50–80 cm
- mittel–hoch
- Kraut
- VI–VIII

Melisse

Melisse wird auch Zitronenmelisse genannt. Der Lippenblütler erreicht eine Höhe von bis zu 80 cm. Die Staude hat einen kantigen Stängel und Blätter ähnlich einer Brenn- bzw. Taubnessel. Für Heilanwendungen werden Blätter und Triebe im Juni geerntet und an einem schattigen Ort getrocknet.

Die Melisse bevorzugt einen windgeschützten, sonnigen Standort und nährstoffhaltigen, lockeren und humosen Untergrund. Ausgesät werden die Samen von Melisse im Mai flächig mit einem Durchmesser von etwa 30 cm direkt im Kräuterbeet. So entstehen dichte Pflanzenhorste, die die trockenheitsempfindlichen Kräuter vor Verdunstung schützen. Sie sollten in Trockenperioden auch auf ausreichend Feuchtigkeit achten. Einfacher als die Pflanzen selbst auszusäen ist es allerdings, Jungpflanzen in einer Gärtnerei zu kaufen. Die unscheinbaren blassgelben bis weißlichen Blütenstände erscheinen von Juni bis August. Frisch oder getrocknet als Tee zubereitet, kann Melisse bei Schlafstörungen, Nervosität, Kopfschmerzen, Magenbeschwerden oder Migräne helfen. Zudem hat Melisse eine appetitanregende sowie krampf- und blähungslindernde Wirkung.

Eine Pflanzung in Büscheln schützt die Pflanzen vor Trockenheit und stabilisiert den Wuchs.

1 Büschel pflanzen

2 Wirkung

Getrocknet und als Tee angewendet, wirkt Melisse antibakteriell und entspannend.

Minze

Minze wird 30–80 cm hoch. Ihr aufrechter kantiger Stängel ist wenig verzweigt, ihre Blätter gegenständig angeordnet und gezähnt. An den Zweigenden befinden sich ährenartige Blütenstände mit vielen kleinen Einzelblüten. Die Echte Pfefferminze gehört zu einer großen Gruppe von Minzarten.

Man kann alle Minzarten im Garten anbauen. Besonders gut gedeiht Minze auf feuchten, leichten, humosen Böden und halbschattigen bis sonnigen Lagen. Um sie als Heilpflanze zu nutzen, erntet man die Blätter (möglichst vor der Blüte). Beim Trocknen der Blätter darf die Temperatur 35 °C nicht überschreiten. Aber Achtung, das Wurzelwerk der Minze neigt dazu, sich stark auszubreiten. Zur Vermehrung eignen sich Wurzelausläufer, die am Anfang der Pflanzperiode in einem Abstand von 20 cm flach in die Erde gesetzt werden. Zum Start mit etwas Kompost düngen. Wichtig ist es, die Pflanze ausreichend zu gießen und feucht zu halten. Geerntet werden die Triebspitzen und Blätter (vor der Blütezeit). Als Heilpflanze lässt sich die Pfefferminze sowohl innerlich als auch äußerlich nutzen. Aus den frischen oder getrockneten Blättern kann man wohlschmeckenden Pfefferminztee aufbrühen, welcher als ausgezeichnetes Magenmittel Appetit und Verdauung anregt.

Im Handel gibt es eine reiche Auswahl an Minzarten, etwa Garten-, Edel- oder Englische Minze.

1 Minzarten pflanzen

2 Heilendes Öl

Das heilende Öl lässt sich nur schlecht gewinnen. Dazu werden frische Zweigspitzen einer Wasserdampfdestillation unterzogen.

Mentha-Arten

STECKBRIEF

- Sonne/Halbschatten
- mehrjährig
- 30–80 cm
- hoch
- Kraut
- V–IX
- Nicht während der Schwangerschaft oder bei Magengeschwüren verwenden. Einige Menschen vertragen Minze vom Magen her nicht.

Petroselinum crispum

STECKBRIEF

- Sonne/Halbschatten
- zweijährig
- bis zu 30 cm
- mittel–hoch
- Kraut/Wurzel
- V–IX

Petersilie

Die Wildform der Pflanze stammt aus dem Mittelmeerraum, ist jedoch als Küchenkraut so beliebt, dass sie in der gesamten Welt angebaut wird. Die Pflanze wirkt appetitanregend und ist reich an Vitamin A sowie B und C und verschiedenen Mineralien.

Petersilie wird in verschiedenen Sorten im Handel angeboten, die glattblättrige Variante ist intensiver im Geschmack, die krause Petersilie allerdings robuster. Sie wird bis zu 30 cm hoch und besitzt dunkelgrüne, gefiederte Blätter und einen runden Stängel. Jede der unterschiedlichen Petersiliensorten hat geringe Ansprüche an den Boden und kann in der Sonne wie auch im Halbschatten wachsen. Ab Mitte März bis Juli kann die Pflanze mit einem Abstand von 20 cm 2–3 cm tief ins Erdreich ausgesät werden. Ein kleiner Tipp: Samen 24 Stunden in leicht warmem Wasser quellen lassen. Man sollte den Samen danach in Schalen keimen lassen und später in Töpfe auf der Fensterbank einpflanzen. Entscheidend ist regelmäßige und ausreichende Wasserversorgung, sonst werden die Blätter gelb. Zudem ist regelmäßiges Düngen empfehlenswert. Geerntet wird dann ab Juni bis in den Oktober hinein, manchmal sogar bis November. Meist wird Petersilie frisch zum Kochen verwendet. Damit die Inhaltsstoffe nicht leiden, sollte Petersilie nicht gekocht werden.

Wenn direkt ins Freie gesät wird, sollten Sie den Boden gut mit lockerem Humus vorbereiten.

1 Aussaat vorbereiten

2 Ernten

Bei der Ernte sollten die Herzblätter im Inneren der Pflanze immer stehen bleiben und nur die äußeren Triebe geerntet werden.

Ringelblume

Ringelblumen stammten aus dem östlichen Mittelmeerraum, bevor sie europaweit in Bauern- und Klostergärten Einzug hielten. Die bis zu 40 cm hohe Pflanze besitzt einen behaarten Stängel und lanzettähnliche Blätter und blüht von Juni bis Oktober leuchtend gelb bis orangefarben.

Insbesondere durch ihre antientzündliche, antibakterielle und beruhigende Wirkung wird sie meist äußerlich zur Behandlung der Haut genutzt. Sie wird bei Wunden, die schlecht abheilen, bei Verbrennungen oder Sonnenbrand auch wegen ihrer kühlenden, befeuchtenden Eigenschaften verwendet. Die Blüten werden bei sonnigen Wetterverhältnissen zwischen Juni und Oktober gepflückt, wenn sie voll entwickelt sind. Möglichst zeitnah zur Ernte sollten die Blütenblätter an einem schattigen Ort getrocknet werden. Die Samen der Pflanze können Sie im April mit einem Reihenabstand von etwa 30 cm direkt im Freiland aussäen. Die Keimung kann etwa drei Wochen lang dauern. In der Samenreife sind Ringelblumen selbstaussäend. Pflanzen Sie Ringelblumen auf einem nährstoffreichen Boden, der zudem ausreichend feucht sein muss. Ideal sind sonnenbeschienene Südlagen, z. B. in einem Ziergarten oder im Staudenbeet. Ringelblumen benötigen außer Jäten, Hacken und Gießen keine besondere Pflege.

Man schneidet die frisch aufgeblühten Blütenköpfe ab und lässt die ganzen Blütenköpfe einige Tage lang trocknen.

1 Ernte

2 Ringelblumensalbe

Ringelblumensalbe lässt sich bei leichten Hautausschlägen wie Flechten oder Akne gut einsetzen.

Calendula officinalis

STECKBRIEF

- Sonne
- einjährig
- 20–40 cm
- mittel
- Blüten
- VI–X
- Nicht anwenden bei einer bestehenden Allergie gegen Korbblütler.

Rosmarin

Ursprünglich beheimatet ist Rosmarin im Mittelmeerraum, weshalb er einen trockenen und sonnigen Standort bevorzugt. Nach Mitteleuropa wurde die Pflanze im ersten nachchristlichen Jahrhundert von Mönchen eingeführt. Als Kulturpflanze ist sie heute in ganz Europa, Nordamerika und Nordafrika verbreitet.

Die Pflanze besitzt lange, nadelförmige, an der Oberseite tiefgrüne, unten weißfilzig behaarte Blätter und glockenförmige blassblaue traubenständige Blüten. Der immergrüne intensiv aromatisch duftende Strauch kann Größen von 20–80 cm erreichen. Geerntet wird Rosmarin vor der Blüte in den Monaten April und Mai. Rosmarin benötigt einen hellen, vollsonnigen Platz. Am besten gedeiht er auf trockenen, kalkhaltigen Böden. Rosmarinsamen werden zwischen März und April gesät. Da die Anzucht sehr zeitaufwendig ist, empfiehlt es sich, im Gartencenter Jungpflanzen zu kaufen. Den Rosmarin können Sie während der Sommermonate ernten. Seien Sie hierbei sehr vorsichtig, da die Pflanze nur sehr langsam nachwächst. Die Triebspitzen und Blätter werden entweder frisch oder getrocknet verwendet.

Rosmarin lässt sich gut über verholzte Triebspitzenstecklinge vermehren.

1 Vermehrung

2 Ernten

Vor der Blüte ist der Wirkstoffgehalt am höchsten. Danach ist eine schnelle und schonende Trocknung wichtig.

Rosmarinus officinalis

STECKBRIEF

- Sonne
- mehrjährig
- 20–80 cm
- gering
- Kraut
- V–XI
- Schwangere sollten die Anwendung meiden.

Salvia officinalis

STECKBRIEF

- *Sonne*
- *mehrjährig*
- *30–60 cm*
- *gering*
- *Kraut*
- *V–XI*
- *Das ätherische Öl kann bei empfindlichen Menschen epileptische Anfälle auslösen. Salbei sollte nicht in höheren Dosen über längere Zeiträume hinweg eingenommen werden.*

Salbei

Salbei gedeiht am besten an einem möglichst sonnigen und windgeschützten Ort auf leicht kalkhaltigem, trockenem Boden. Das filigrane Aussehen und der aromatische Duft machen Salbei zu einer beliebten Pflanze für Gehwegränder oder Beeteinfassungen.

Salbei ist ein anspruchsloses Mittelmeergewächs mit grau-grünen, filzigen Blättern. Von Juni bis August zeigen sich die violetten Blüten des bis zu 60 cm hohen Lippenblütlers. Lediglich in ausgeprägten Trockenphasen ist eine leichte Bewässerung notwendig. Im Frühjahr empfiehlt sich eine einmalige Kompostdüngung. In Gegenden mit starkem Frost empfiehlt es sich, Salbei im Winter mit Stroh vor allzu großer Kälte zu schützen. Um das Verholzen von älteren Pflanzen zu vermeiden, können Sie diese im Frühjahr auf zirka 15 cm zurückschneiden. Salbei lässt sich von Ende März bis Anfang April auf dem Fensterbrett vorkultivieren oder durch Teilung vermehren. Ab Mai können die vorkultivierten Pflanzen ausgepflanzt bzw. die Samen auch direkt im Freiland ausgesät werden. Allerdings ist es einfacher, die Pflanzen im Gartencenter oder beim Gärtner zu kaufen. Die Jungpflanzen werden mit einem Abstand von etwa 40 cm ins Beet gesetzt.

↓ Bei der Vorkultur werden die Samen in Aussaatkisten ausgesät und später in Töpfe pikiert.

1 Vorkultur

2 Teeanwendung

↑ Bei Entzündungen im Mund- und Rachen sollten Sie stündlich mit Salbeitee gurgeln.

Sauerampfer

Die jungen Blätter des Sauerampfers verleihen Salaten einen erfrischend säuerlichen Geschmack. Die zerriebenen Blätter eignen sich auch zur Behandlung von kleineren Verbrennungen, Schnittwunden und Abschürfungen, hier wirkt er kühlend und wundheilungsfördernd.

Wild zu finden ist der den Knöterichgewächsen zugehörige Sauerampfer auf Wiesen und Weiden sowie an Wegrändern. Die bis zu 50 cm hohe Pflanze mit ihren pfeilförmigen Blättern trägt zwischen Mai und Juli weiß-rosafarbene Blütenrispen. In seiner Kulturform kann Sauerampfer in einem Reihenabstand von etwa 25 cm ab April im Garten gesät werden. Sie können aber auch wild wachsende Pflanzen ausgraben und in den heimischen Garten umsiedeln. Sauerampfer wächst am besten auf feuchten, humosen und nährstoffreichen Böden an halbschattigen bis sonnigen Standorten. Sauerampfer verträgt Trockenheit und muss lediglich in längeren Trockenphasen etwas bewässert werden. Die Sauerampferernte ist die ganze Vegetationsperiode über möglich. Sauerampfer wirkt blutbildend, blutreinigend, harntreibend und adstringierend. Aber Vorsicht: Durch ihren hohen Oxalsäuregehalt können große Mengen zu Vergiftungen mit Krämpfen führen.

Ein Abstand von 25 cm ist wegen des ausladenden Wuchses von Sauerampfer einzuhalten.

1 Abstand beachten

2 Verwendung

Egal, ob im Salat oder zur äußerlichen Behandlung – verwenden Sie immer nur die frischen, jungen Blätter.

Rumex acetosa

STECKBRIEF

- Sonne/Halbschatten
- mehrjährig
- bis 50 cm
- hoch
- Kraut
- IV–VII
- Zu große Mengen können – vor allem bei Kindern – zu Vergiftungen mit Krämpfen und Lähmungserscheinungen führen.

Achillea millefolium

Schafgarbe

Bei Achillea handelt es sich um ausdauernde, krautige Pflanzen, die Wuchshöhen von 60 bis 80 cm erreichen. Dieses in Europa heimische Wildkraut gehört zur Familie der Asterngewächse. Schafgarbetees sind unter anderem stoffwechselfördernd und blutreinigend.

Die anspruchslose Pflanze liebt sonnige Standorte und stellt darüber hinaus keine weiteren Ansprüche. Sie gedeiht auch in der Blumenwiese, wo sie jährlich neu austreiben kann. Die Wildform der Schafgarbe findet sich in Europa, Nordamerika, Australien und Asien. Sie wird bis zu 50 cm groß, hat schmale, doppelt gefiederte Blätter und einen aufrecht wachsenden, gefurchten Stängel, der zwischen Juni und Oktober eine Vielzahl leuchtend weißer Blüten zeigt. Ab April kann die Schafgarbe in einem Reihenabstand von etwa 30 cm direkt im Beet ausgesät werden. Einfacher ist es jedoch, wild wachsende Schafgarben in den Garten umzusiedeln. Bei ihrer Pflege ist lediglich zu beachten, dass der Boden nicht allzu feucht sein sollte.

STECKBRIEF

- Sonne
- mehrjährig
- bis 80 cm
- gering
- Kraut mit Blüte
- VI–VIII
- *Zu hoch dosiert kann die Schafgarbe zu Hautreizungen und Kopfschmerzen führen. Bei einer Überempfindlichkeit auf Korbblütler sollte sie nicht verwendet werden.*

Teezubereitung aus getrockneten Pflanzen

Für die Zubereitung von Tees werden die Blätter und blühenden Sprossspitzen ab dem Frühsommer geerntet, zu Sträußen gebunden und an einem schattigen und luftigen Platz zum Trocknen aufgehängt.

Schnittlauch

Schnittlauch gehört wohl zu den beliebtesten Gewürzpflanzen im Kräutergarten. Die verdauungsfördernde, appetitanregende Pflanze eignet sich gut für Salate sowie für Suppen, Soßen und Quarkspeisen. Die winterharte Zwiebelpflanze wird bis zu 40 cm hoch.

Anfang April können Sie die Schnittlauchsamen direkt im Freiland aussäen oder in warm stehenden Kästen vorkultivieren. Nach einer Keimdauer von 20–30 Tagen lassen sich die Pflänzchen büschelweise mit einem Reihenabstand von 20 cm ins Freiland auspflanzen. Schnittlauch gedeiht auf leicht kalkhaltigem, nährstoffreichem, feuchtem Boden und wächst sowohl in halbschattigen als auch in sonnigen Bereichen. Mit dem Geruch von Schnittlauch lassen sich auch gut Schädlinge vertreiben, weshalb sich die Pflanze besonders für Randbepflanzungen an Blumen- und Kräuterbeeten eignet. Für gutes Wachstum ist eine ausreichende Nährstoffversorgung und ausreichend Bodenfeuchtigkeit – vor allem in Trockenperioden – notwendig. Damit der Schnittlauch auch im Winter frisch zur Verfügung steht, können Sie im Herbst einzelne Horste ausstechen und in Töpfe pflanzen. Auf diese Weise lässt sich der Schnittlauch auf der sonnigen Fensterbank weiterkultivieren.

Die Pflanze trägt an ihren dünnen, hohlen, röhrenförmigen Laubblättern zwischen Mai und August rosafarbene, violette oder rötliche Blütenstände.

1 Essbare Blüte

2 Ernte und Vorrat

Die vitaminreiche Pflanze lässt sich an geschützten Lagen auch draußen ganzjährig ernten oder einfach auf Vorrat einfrieren.

Allium schoenoprasum

STECKBRIEF

- Sonne/Halbschatten
- mehrjährig
- bis 30 cm
- mittel–hoch
- Kraut
- V–XI

Thymus vulgaris

STECKBRIEF

- Sonne
- mehrjährig
- bis 30 cm
- gering
- Kraut
- VI–IX
- Thymian sollte nicht über längere Zeit oder in größeren Mengen angewendet werden, da er zu Magen-Darm-Reizungen und Stoffwechselstörungen führen kann.

Thymian

Besonders beliebt ist Thymian aufgrund seines aromatischen Dufts für Beete im Eingangsbereich und an Terrassen. Insbesondere Salate erhalten durch Thymian eine würzige Note, wobei getrockneter Thymian einen intensiveren Geschmack aufweist als frisch geernteter.

Der kleine Strauch wird etwa 15–30 cm groß. Die Blätter weisen eine filzige Unterseite auf, die hellrot gefärbten Blütenstände zeigen sich ab Mai und blühen meist bis Oktober. Thymian liebt regen- und windgeschützte Standorte in sonnigen Lagen mit sandigen, leichten Böden. Aus diesem Grund eignet er sich besonders gut zur Pflanzung in Steingärten. Die anspruchslose Pflanze benötigt kaum zusätzliche Nährstoffe und Wasser. Eine Kompostgabe im Frühjahr reicht als Düngung meist aus. Für ein kompaktes Wachstum können Sie ältere Pflanzen nach der Blüte auf etwa 20–25 cm zurückschneiden. In Gegenden mit starkem Frost ist im Herbst zudem für einen Kälteschutz durch eine Reisigabdeckung zu sorgen. Da die Ansaat nicht leicht gelingt, kaufen Sie die Pflanzen am besten beim Gärtner. Eine Vermehrung ist auch über Stecklinge oder durch Teilung möglich. Thymian gilt als blutstillend, entzündungshemmend, schleimlösend, schmerzstillend, krampflösend sowie als appetit- und verdauungsfördernd.

↓ Thymian gibt es in verschiedenen Zuchtformen, auch als Zitronenthymian.

1 Zuchtformen

2 Ernte

↑ Zum Trocknen eignen sich die Triebspitzen und jungen Blätter. Für die Vorratshaltung ernten Sie in den Sommermonaten und trocknen Sie es, zu kleinen Sträußchen gebunden, an einem schattigen Platz.

Wermut

Wermuttee wird bei Magen- und Gallenbeschwerden eingesetzt. Zudem wirkt er, als Kur angewendet, abwehrstärkend und als Schutz vor Infekten. Trinken Sie Wermuttee nur in kleinen Mengen und nicht über einen längeren Zeitraum, da er ansonsten gesundheitsschädlich sein kann.

Die mehrjährige, stark verzweigte Pflanze mit ihren silbergrauen gefiederten Blättern wird 60–150 cm groß. Die gelben Rispenblüten zeigen sich von Juni bis September. Durch den ausladenden Wuchs sollten Sie beim Pflanzen auf ausreichend Abstand zu Nachbarpflanzen achten. Im Frühjahr oder Herbst ist problemlos ein Rückschnitt möglich. Ende April bis Ende Mai kann man den Samen von Wermut an einem bereits erwärmten Beet ausbringen. Beachten Sie aber dabei, dass der Samen nicht mit Erde bedeckt werden sollte, denn es handelt sich bei dieser Pflanze um lichtkeimende Samenkörner. Die anspruchslose Pflanze wächst am besten in sonniger, trockener Lage auf sandigen, durchlässigen und kalkhaltigen Böden. Eine Düngung mit Kompost im Frühjahr oder Herbst unterstützt das Wachstum. Wermut werden zahlreiche heilende Wirkungen zugeschrieben, so wirkt er unter anderem stärkend, blähungslindernd, magen- und nierenstärkend, verdauungsstärkend, blutbildend, blutreinigend, kreislaufstärkend, appetitfördernd sowie bei Magen-Darm-Leiden, Hautausschlägen, Regelbeschwerden, Blutergüssen und Rheuma. Verzichten Sie in der Schwangerschaft und Stillzeit sowie bei Magen- und Darmgeschwüren jedoch unbedingt auf den Genuss von Wermuttee. Dies gilt auch für Kinder unter 12 Jahren. Auch bei Gallensteinen ist Vorsicht geboten, denn hier kann es zu Koliken kommen. Für die Verwendung als Tee werden im Juli und August die blühenden Zweigspitzen geernet und getrocknet. Im Garten eingesetzt, schützt Wermuttee im Gießwasser die Pflanzen vor Schädlingen wie z. B. Blattläusen.

Breite Heilwirkung

↑ Egal, ob frisch, als Tinktur oder Teezubereitung, Wermut hat ein breites Wirkspektrum als natürliches Heilmittel aus dem eigenen Kräutergarten.

Artemisia absinthium L.

STECKBRIEF

- Sonne
- mehrjährig
- bis 150 cm
- gering
- Kraut
- VI–IX
- Nicht während Schwangerschaft und Stillzeit sowie bei Magen- und Darmgeschwüren sowie bei Kindern unter zwölf Jahren anwenden.

Hyssopus officinalis

STECKBRIEF

- Sonne
- mehrjährig
- bis 90 cm
- mittel
- Kraut
- VI–VIII

Ysop

Die Blätter des Ysop lassen sich in der Küche entweder frisch oder getrocknet zur Verfeinerung z. B. von Suppen, Salaten oder Gemüsegerichten verwenden. Ysop regt den Appetit an, fördert die Verdauung und wirkt schweißregulierend.

Der ursprüglich aus dem Mittelmeerraum stammende Ysop liebt lockeren, eher sandigen Boden an einem sonnigen, windgeschützten Platz. Eine Bewässerung ist nur nach langen Trockenzeiten notwendig. Die anspruchslose Pflanze wird ca. 40–90 cm hoch und eignet sich durch seine hübschen hellblauen bis violetten Blüten auch gut als Zierstrauch. Seine Blüte ist zwischen Juli und September zu bewundern. In Gegenden mit starkem Frost sollten Sie für etwas Winterschutz, etwa mit Tannenreisig, sorgen. Im Frühjahr können Sie die Pflanze problemlos ein Stück zurückschneiden. Ysoppflanzen erhalten Sie entweder in Gärtnereien bzw. Gartencentern oder durch Aussaat. Die Vorkultur auf der sonnigen Fensterbank erfolgt ab März, die Pflanzung ins Freiland jedoch erst nach den Eisheiligen Mitte März. Ältere, kräftige Stauden lassen sich auch gut durch Teilung vermehren. Für die Verwendung in der Küche ernten Sie die Blätter vor der Blütezeit. Da die Ysopblätter beim Trocknen stark an Aroma verlieren, empfiehlt es sich, sie stattdessen einzufrieren. Setzen Sie Ysop beim Würzen nur sehr sparsam ein, da der leicht bittere Geschmack das Gericht ansonsten sehr stark dominiert und den Geschmack verderben kann.

Bei idealen Standortbedingungen kann sich Ysop rasch ausbreiten und zu ansehnlichen Stauden werden.

Ausbreitung eindämmen

Zwiebel

Die Zwiebel ist das in der Küche wohl am häufigsten verwendete Gewürzkraut. Meist fein gehackt oder in Ringe geschnitten, findet sie roh oder gekocht Verwendung. Durch Kochen, Dünsten oder Braten verliert das in der Zwiebel enthaltene sulfidhaltige ätherische Öl seine magenreizende Wirkung.

Die Zwiebel ist Heilpflanze des Jahres 2015. Sie wirkt entzündungshemmend, antibakteriell, krampflösend, schleimlösend, kräftigend, fiebermildernd, harntreibend, blutbildend, wirksam bei Verdauungsbeschwerden, blutdruck- und blutzuckersenkend. Äußerlich angewendet hilft der Zwiebelsaft oder -sirup bei Insektenstichen, Wunden oder Furunkeln. Bei empfindlichen Menschen kann der Genuss von rohen Zwiebeln jeodch zu Magenbeschwerden oder Sodbrennen führen. Der Anbau von Speisezwiebeln erfolgt in der Regel durch sogenannte Steckzwiebeln. Diese kleinen Zwiebelchen werden in Reihenabständen von 30–40 cm ca. 3–4 cm tief in die Erde gesteckt. Für eine Ernte ab Juli erfolgt die Auspflanzung von März bis April. Die Zwiebel liebt feinkrümeligen Boden in sonniger, trockener Lage. Die Zwiebeln lassen sich in trockenen und kühlen Räumen gut bis ins Frühjahr des folgenden Jahres lagern.

Da der Abstand zwischen den Pflanzen für die Wuchsgröße entscheidend ist, lassen sich durch einen größeren bzw. kleineren Abstand größere bzw. kleinere Zwiebeln ziehen.

1 Zwiebeln einsetzen

Allium cepa

STECKBRIEF

- Sonne
- einjährig
- bis 40 cm
- gering–mittel
- Knolle
- VII–X
- Bei empfindlichen Menschen können Magenbeschwerden oder Sodbrennen auftreten.

Nicht nur die Knolle von Zwiebeln wird in der Naturheilkunde und der Küche eingesetzt, sondern auch das Kraut.

2 Zwiebelkraut

3 Kultivierung

Zwiebeln benötigen ausreichend Platz für ihr Wachstum, ein Abstand von 30–40 cm sollte es schon sein.

Die Anwendungsmöglichkeiten von Zwiebeln in der Naturheilkunde sind mannigfaltig. Zwiebelsirup beispielsweise hilft bei hartnäckigem Husten.

4 Zwiebelsirup

5 Sortenvielfalt

Zwiebeln gibt es in einer großen Palette an Sorten, alle mit einem ganz speziellen Aroma. Lassen Sie sich von der Vielfalt inspirieren und probieren Sie selbst, was Ihnen schmeckt.

Register

L

M

N

P/Q

R

S

T

U/V

W

Y/Z

Bildnachweis

4: Cora Mueller/Shutterstock.com; 6: Goodluz/Shutterstock.com; 8: upixa/Shutterstock.com; 10: Daniel Peter Ronneberg/Shutterstock.com; 11: Cornelia Pithart/Shutterstock.com; 12 o.: Jodie Richelle/Shutterstock.com; 12 u.: Goodluz/Shutterstock.com; 13 o.: Chrislofotos/Shutterstock.com; 13 u.: Bauer Alexander/Shutterstock.com; 14: Sophie McAulay/Shutterstock.com; 15: Yolanta/Shutterstock.com; 16: upixa/Shutterstock.com; 17 o. li.: attem/Shutterstock.com; 17 o. re.: Martina Berg/Fotolia.com; 17 u.: estike/Shutterstock.com; 148 o. li.: Manfred Ruckszio/Shutterstock.com; 18 o. re.: Mirabelle Pictures/Shutterstock.com; 18 u. li.: fotoknips/Shutterstock.com; 18 u. re.: Jeanette Dietl/Shutterstock.com; 19 o. li.: Tom Gowanlock/Shutterstock.com; 19 o. re.: Stefan Körber/Fotolia.com; 19 u.: Sternstunden/Shutterstock.com; 20: gorillaimages/Shutterstock.com; 21 o.: focus finder/Fotolia.com; 21 u. re.: AtomStudios/Shutterstock.com; 21 u. li.: violeta pasat/Shutterstock.com; 22 o. li.: stefanolunardi/Shutterstock.com; 22 u. li.: Semmick Photo/Shutterstock.com; 22 o. re.: Alzbeta/Shutterstock.com; 23 o. li.: Anjo Kann/Shutterstock.com; 23 o. re.: Julija Sapic/Shutterstock.com; 23 u.: JurateBuiviene/Shutterstock.com; 24: pavla/Shutterstock.com; 25 o. li.: Aleksandra Duda/Shutterstock.com; 25 o. re.: Insanet/Shutterstock.com; 25 u.: Cloudia Spinner/Shutterstock.com; 26 o.: Patrizia Tilly/Shutterstock.com; 26 u. li.: Petr Jilek/Shutterstock.com; 26 u. re.: Heike Brauer/Shutterstock.com; 27 o. li.: franky10/Fotolia.com; 27 o. re: Claus Mikosch/Shutterstock.com; 27 u.: Irina Fischer/Shutterstock.com; 28: sanddebeautheil/Shutterstock.com; 30 li.: Andrea Obzerova/Shutterstock.com; 30 re.: PhilipYb Studio/Shutterstock.com; 31 o.: sanddebeautheil/Shutterstock.com; 31 u. li.: val lawless/Shutterstock.com; 31 u. re.: Humannet/Shutterstock.com; 32 o.: Humannet/Shutterstock.com; 32 u. li.: Great Teacher Thawatchai/Shutterstock.com; 32 u. re.: rodimov/Shutterstock.com; 33 li.: Marina Lohrbach/Shutterstock.com; 33 re.: sharon kingston/Shutterstock.com; 34 o. li.: kryzhov/Shutterstock.com; 34 o. re.: Phoenixpix/Fotolia.com; 34 u.: Sever180/Shutterstock.com; 35 o.: Photographee.eu/Shutterstock.com; 35 u.: Stephanie Frey/Shutterstock.com; 36 o.: funkyfrogstock/Shutterstock.com; 36 u. li.: Karen Kaspar/Shutterstock.com; 36 u. re.: MichMac/Fotolia.com; 37 o.: Maljalen/Shutterstock.com; 37 u. li: kuleczka/Shutterstock.com; 37 u. re.: Kira Volkov/Shutterstock.com; 38 o. re.: BrankoG/Shutterstock.com; 38 u.: Floki/Shutterstock.com; 38 o. li.: Roman Nerud/Shutterstock.com; 39 o.: aliasemma/Shutterstock.com; 39 u. li.: Hellen Grig/Shutterstock.com; 39 u. re.: jokapix/Fotolia.com; 40 li.: ElenaGaak/Shutterstock.com; 40 re.: Lisa Strachan/Shutterstock.com; 41 o.: Eugenio Marongiu/Shutterstock.com; 41 u. li.: Photographee.eu/Shutterstock.com; 41 u. re.: Smit/Shutterstock.com; 42 li.: ARochau/Fotolia.com; 42 re.: Simone Andress/Shutterstock.com; 43 o. li.: Vadym Zaitsev/Shutterstock.com; 43 o. re.: Stepanek Photography/Shutterstock.com; 43 u.: MARGRIT HIRSCH/Shutterstock.com; 44 li.: marco mayer/Shutterstock.com; 44 re.: Stephanie Frey/Shutterstock.com; 45 o. li.: Christian Jung/Shutterstock.com; 45 o. re.: Goodluz/Shutterstock.com; 45 u. li.: DUSAN ZIDAR/Shutterstock.com; 45 u. re.: Melpomene/Shutterstock.com; 46 li.: Kinga/Shutterstock.com; 46 re.: Zoom Team/Shutterstock.com; 47 o. li.: Oleg Kozlov/Shutterstock.com; 47 o. re.: pryzmat/Shutterstock.com; 47 u.: Darren Grove/Shutterstock.com; 48 li.: Zoom Team/Shutterstock.com; 48 re.: pixfix/Shutterstock.com; 49 o. li.: malinkaphoto/Shutterstock.com; 49 o. re.: pixfix/Shutterstock.com; 49 u. li.: duckeesue/Shutterstock.com; 49 u. re.: wondermallow/Fotolia.com; 50 o. li.: Zigzag Mountain Art/Shutterstock.com; 50 o. re.: pixfix/Shutterstock.com; 50 u.: Hannamariah/Shutterstock.com; 51 o.: kazoka/Shutterstock.com; 51 u. li.: Andrelix/Shutterstock.com; 51 u. re.: TAGSTOCK1/Shutterstock.com; 52 li.: Bildagentur Zoonar GmbH/Shutterstock.com; 52 re.: alho007/Fotolia.com; 53 alle: alho007/Fotolia.com; 54 o.: alho007/Fotolia.com; 54 u.: Bildagentur Zoonar GmbH/Shutterstock.com; 55 u. li.: emer/Fotolia.com; 55 u. re.: Stefan Theisinger/Fotolia.com; 55 o. li.: miket/Fotolia.com; 55 o. re.: FRÜH/Fotolia.com; 56 li.: bluecrayola/Shutterstock.com; 56 re.: Anja Ergler/Fotolia.com; 57 o.: emer/Fotolia.com; 57 u.: fotoknips/Shutterstock.com; 58 li.: Jeanette Dietl/Fotolia.com; 58 re.: Katarzyna Mazurowska/Shutterstock.com; 59 o.: Wittybear/Shutterstock.com; 59 u.: Steve Lovegrove/Shutterstock.com; 60 li.: Picture-Factory/Fotolia.com; 60 re.: Eugenio Marongiu/Shutterstock.com; 61 o. li.: Sandra Cunningham/Shutterstock.com; 61 o. re.: Andriy Pytusylnyk/Shutterstock.com; 61 u.: Franz Peter Rudolf/Shutterstock.com; 62 o.: Su Justen/Shutterstock.com; 62 u. li.: Heike Rau/Shutterstock.com; 62 u. re.: Monika Pa/Shutterstock.com; 63 o. li.: Carsten Medom Madsen/Shutterstock.com; 63 o. re.: martiapunts/Shutterstock.com; 63 u.: Prapann/Shutterstock.com; 64: Sunny Forest/Shutterstock.com; 66: Cornelia Pithart/Shutterstock.com; 67: Alis Photo/Shutterstock.com; 68 li.: Vitelle/Shutterstock.com; 68 re.: Masterovoy/Shutterstock.com; 69: Alison Hancock/Shutterstock.com; 70: bildergala/Fotolia.com; 71 o. li.: Stefan Körber/Fotolia.com; 71 o. re.: FRÜH/Fotolia.com; 71 u.: Singkham/Shutterstock.com; 72: Brendan Delany/Shutterstock.com; 73 o.: santiago silver/Fotolia.com; 73 u. re.: Natalia Ruedisueli/Shutterstock.com; 73 u. li.: Lithiumphoto/Shutterstock.com; 74 o. li.: xtrekx/Shutterstock.com; 74 o. re.: Elena Hramova/Shutterstock.com; 74 u. li.: Arve Bettum/Shutterstock.com; 75 o. li.: Jeanie333/Shutterstock.com; 75 o. re.: GoodMood Photo/Shutterstock.com; 75 u.: Peter Turner Photography/Shutterstock.com; 76: Croato/Shutterstock.com; 77 o. li.: 117554368/Shutterstock.com; 77 o. re.: Anastasiia Malinich/Shutterstock.com; 77 u.: Natalia Evstigneeva/Shutterstock.com; 78: Agnes Kantaruk/Shutterstock.com; 79 o.: joy_stockphoto/Shutterstock.com; 79 u. li.: Eric Krouse/Shutterstock.com; 79 u. re.: Isabella Pfenninger/Shutterstock.com; 80 li.: Franz Peter Rudolf/Fotolia.com; 80 re.: Alexander Raths/Shutterstock.com; 81 o.: lzf/Shutterstock.com; 81 u. li.: sauletas/Shutterstock.com; 81 u. re.: racorn/Shutterstock.com; 82 o. li: unpict/Shutterstock.com; 82 u. li.: Iakov Filimonov/Shutterstock.com; 82 re.: viki2win/Shutterstock.com; 85: Martina Osmy/Shutterstock.com; 86: gorillaimages/Shutterstock.com; 87 o.: Simone van den Berg/Shutterstock.com; 87 u. li.: mythja/Shutterstock.com; 87 u. re.: Danie Nel/Shutterstock.com; 88 li. o.: MAHATHIR MOHD YASIN/Shutterstock.com; 88 li. u.: Chamille White/Shutterstock.com; 88 re.: jbphotographylt/Fotolia.com; 89 o. li.: fotosav/Shutterstock.com; 89 o. re.: MShev/Shutterstock.com; 89 u.: Teresa Kasprzycka/Shutterstock.com; 90 li. o.: Alex_Po/Shutterstock.com; 90 li. u.: Elena Elisseeva/Shutterstock.com; 90 re.: Andris Tkacenko/Shutterstock.com; 91 o. li.: nanka/Shutterstock.com; 91 o. re.: Tolikoff Photography/Shutterstock.com; 91 u.: fotoknips/Shutterstock.com; 92: Christopher Elwell/Shutterstock.com; 94: Bildagentur Zoonar GmbH/Shutterstock.com; 95 u. li.: Maljalen/Shutterstock.com; 95 u. re.: YamabikaY/Shutterstock.com; 95 o. re.: Ruud Morijn/Fotolia.com; 96 o.: SiberianLena/Shutterstock.com; 96 u.: Rostislav Sedlacek/Fotolia.com; 97: stoonn/Shutterstock.com; 98: Brzostowska/Shutterstock.com; 99 u. li.: Ruud Morijn Photographer/Shutterstock.com; 99 M.: unpict/Shutterstock.com; 99 o. re.: Ivonne Wierink/Shutterstock.com; 100 o. li.: Heike Rau/Shutterstock.com; 100 M.: LianeM/Shutterstock.com; 100 u. re.: HandmadePictures/Shutterstock.com; 101: riccardo bruni/Shutterstock.com; 102: motorolka/Shutterstock.com; 103 u.: Jesus Keller/Shutterstock.com; 103 o. re.: angelakatharina/Shutterstock.com; 104 o. li.: CCat82; 104 M.: rodimov/Shutterstock.com; 104 u. re.: milena90z/Shutterstock.com; 105: Jiri Vaclavek/Shutterstock.com; 106: anmo; 107 u. li.: fotoknips/Shutterstock.com; 107 o. re.: D. Kucharski K. Kucharska/Shutterstock.com; 108: Dejan Stanic Micko/Shutterstock.com; 109 u. li.: Severga/Shutterstock.com; 109 M.: vesna cvorovic/Shutterstock.com; 109 o. re.: Olga Selyutina/Shutterstock.com; 110 o. li.: TunedIn by Westend61/Shutterstock.com; 110 M. SiberianLena/Shutterstock.com; 110 u. re.: Geo-grafika; 111: Aigars Reinholds/Shutterstock.com; 112: Brent Hofacker/Shutterstock.com; 113 u. li.: Maljalen/Shutterstock.com; 113 M.: Quade/Fotolia.com; 114 o. li.: joloei/Shutterstock.com; 114 o. re.: yuris/Shutterstock.com; 114 u. re.: yuris/Shutterstock.com; 115: Cary Bates/Shutterstock.com; 116 u. li.: Julija Sapic/Shutterstock.com; 116 o. re.: Nadalina/Shutterstock.com; 116 u. re.: JIL Photo/Shutterstock.com; 117: yuris/Shutterstock.com; 118: Acambium64/Shutterstock.com; 119 u. li.: M Rutherford/Shutterstock.com; 119 M.: jeehyun/Shutterstock.com; 119 o. re.: oumjeab/Shutterstock.com; 120 o. li.: Quanthem/Shutterstock.com; 120 M. Ala Khviasechka/Shutterstock.com; 120 u. re.: SASIMOTO/Shutterstock.com; 121: SASIMOTO/Shutterstock.com; 122: LianeM/Shutterstock.com; 123 u.: CREATISTA/Shutterstock.com; 123 o. re.: freya-photographer/Shutterstock.com; 124 o. li.: Ana Photo/Shutterstock.com; 124 u.: HandmadePictures/Shutterstock.com; 125: Miriam Doerr/Shutterstock.com; 126: jabiru/Shutterstock.com; 127 u. li.: AndiPu/Shutterstock.com; 127 M.: HandmadePictures/Shutterstock.com; 127 o. re.: Alis Photo/Shutterstock.com; 128 o. li.: Eag1eEyes/Shutterstock.com; 128 M.: Simone Andress/Shutterstock.com; 128 u. re.: Heike Rau/Shutterstock.com; 129: Jita/Shutterstock.com; 130: lzf/Shutterstock.com; 131 u. li.: Halfpoint/Fotolia.com; 131 M.: Antonova Anna/Shutterstock.com; 131 o. re.: Maks Narodenko/Shutterstock.com; 132: DUSAN ZIDAR/Shutterstock.com; 132 M.: Maksud/Shutterstock.com; 132 o. re.: LianeM/Shutterstock.com; 133: LianeM/Shutterstock.com; 134: Oksana Shufrych/Shutterstock.com; 135 u. li.: Alis Photo/Shutterstock.com; 135 M.:. Simone Andress/Shutterstock.com; 135 o. re.: melis/Shutterstock.com; 136: freya-photographer/Shutterstock.com; 137 u. li.: Margaryta Vakhterova/Fotolia.com; 137 M.: Alexander Raths/Shutterstock.com; 137 o. re.: Evgeny Karandaev; 138 o. li.: Robyn Mackenzie/Shutterstock.com; 138 M.: viki2win/Shutterstock.com; 138 u. re.: Olga Miltsova; 139: Manfred Ruckszio/Shutterstock.com; 140: Sergey Molchenko/Shutterstock.com; 141 li.: Sergey Molchenko/Shutterstock.com; 141 M.: Africa Studio/Shutterstock.com; 141 re.: alely/Shutterstock.com; 142 li.: Anton Kozyrev/Shutterstock.com; 142 re.: kostrez/Shutterstock.com; 143: Bildagentur Zoonar GmbH/Shutterstock.com; 144: Anjo Kann/Shutterstock.com; 145 li.: Radka Palenikova/Shutterstock.com; 145 M.: Space Monkey Pics/Shutterstock.com; 145 re.: Anna Shepulova/Shutterstock.com; 146 li.: Frank Fischbach/Shutterstock.com; 146 M.: mitchellsk/Shutterstock.com; 146 re.: Floki/Shutterstock.com; 147: Roxana Bashyrova/Shutterstock.com; 148: Starover Sibiriak/Shutterstock.com; 149 li.: Heike Rau/Shutterstock.com; 149 re.: Nikolina Mrakovic/Shutterstock.com; 150 li.: Miroslav Hlavko/Shutterstock.com; 150 re.: Debu55y/Shutterstock.com; 151: freya-photographer/Shutterstock.com; 152: isak55/Shutterstock.com; 153 li.: Poprotskiy Alexey/Shutterstock.com; 153 re.: Denis and Yulia Pogostins/Shutterstock.com; 154 o. li.: asharkyua/Shutterstock.com; 154 o. re.: Ruud Morijn Photographer/Shutterstock.com; 154 u. li.: Piotr Tomicki/Shutterstock.com; 154 u. re.: ElenaGaak/Shutterstock.com; 155: Alla Maistrenko/Shutterstock.com; Umschlagabbildungen: Shutterstock.com